AF258638

LA
Justice tunisienne

Organisation et fonctionnement actuels

Projet de réorganisation

PAR

Mohammed Bach-Hamba

Ancien magistrat

GENÈVE

IMPRIMERIE NATIONALE

Rue Dr A. Vincent, 10

—

1917

LA
Justice tunisienne

Organisation et fonctionnement actuels

Projet de réorganisation

PAR

Mohammed Bach - Hamba

Ancien magistrat

GENÈVE

IMPRIMERIE NATIONALE

Rue Dr A. Vincent, 15

1917

TABLE DES MATIÈRES

INTRODUCTION

LA JUSTICE EN TUNISIE

En Tunisie, il y a deux justices distinctes et indépendantes l'une de l'autre : la justice française constitue la juridiction de droit commun dans toutes les affaires où un citoyen, sujet ou protégé européen est en cause (demandeur ou défendeur); la justice tunisienne constitue la juridiction de droit commun pour tous les litiges existant entre sujets tunisiens exclusivement.

Nous dirons un mot, en passant, de la justice française. Elle a remplacé, en Tunisie, les tribunaux consulaires. Son organisation et son fonctionnement sont les mêmes qu'en France, sauf pour les Cours d'assises. En France, la Cour d'assises siège avec douze jurés qui délibèrent à part. En Tunisie, elle siège avec six assesseurs qui délibèrent avec les magistrats. Or cette institution des assesseurs est plus que nuisible pour les Tunisiens : on a vu les Cours d'assises de Tunisie prononcer des acquittements scandaleux de colons coupables et des condamnations hors de proportion contre des Tunisiens parfois innocents. La suppression de cette institution s'impose : il faut laisser les magistrats de la Cour d'assises juger seuls comme les juges des tribunaux correctionnels. L'utilité du jury tel qu'il est organisé dans certains pays d'Europe est très discutée. Pour beaucoup de personnes compétentes, cette institution fausse la justice. Il est inconcevable de demander à des personnes, fussent-elles des plus honorables, de s'improviser juges de la culpabilité ou de la non-culpabilité d'accusés, alors qu'il faut pour cela des aptitudes et des connaissances spéciales, de l'expérience, le sentiment de la responsabilité. Dans un pays où différentes races se coudoient, où les uns se considèrent les maîtres et traitent les autres en vaincus, l'insti-

on du jury et à plus forte raison celle des assesseurs est une
mité.

Il est incontestable aussi que les tribunaux français ne se mon-
t pas toujours justes envers les Tunisiens et cela est dû à
fluence du milieu, à la différence de race, à la défense des privi-
es des colons, etc. Les magistrats, intimidés par des campagnes
presse malhonnêtes et malveillantes, subjugués par une adminis-
ion qui les considère comme de simples fonctionnaires devant
obéir, se sont montrés souvent partiaux ; ils ont deux justices :
ne, pour les colons, pleine de bienveillance ; l'autre, pour les
nisiens, toute de rigueur.

C'est pour cela qu'aucun Tunisien n'est partisan de la création
ne Cour d'appel française à Tunis. Tant que les magistrats fran-
; de Tunisie ne seront pas dans la situation juridique de leurs col-
ues de France, ils continueront à montrer une obéissance passive
'administration : ils ont donné la mesure de leur indépendance
s les affaires de Djellaz [1].

Nous ne parlerons pas du fonctionnement du Tribunal mixte
cier de Tunisie qui s'occupe de l'immatriculation des propriétés
nobilières tunisiennes. Seulement on ne peut concevoir que ce
unal qui examine les affaires les plus importantes de la Tunisie
juge qu'en premier et dernier ressort. Nous demandons avec tous
justiciables l'extension du second degré de juridiction pour ces
ires et la création d'une Cour d'appel mixte.

*

Nous ne nous occuperons donc que la justice tunisienne dont la
rganisation s'impose pour faire cesser la confusion des pouvoirs

[1] On ne peut oublier que les assassins des Tunisiens n'ont pas été poursuivis.
On ne peut oublier la partialité montrée par le tribunal criminel dans la
terche de la responsabilité initiale des événements.
On ne peut oublier le jugement rendu par le Tribunal correctionnel de
nis dans une de ces affaires — diffamation par la presse. — Aucun tribunal indé-
dant n'aurait consenti à commettre un déni de justice aussi évident, un non-
s juridique aussi ridicule. La Cour d'appel d'Alger a infirmé ce jugement et a
respecter la loi.
Etc., etc.....

qui s'y traduit par l'arbitraire le plus intolérable et donner au peupl
les garanties légales qu'il est en droit d'attendre d'une administr
tion qui se prétend supérieure.

Le traité de « garantie et d'alliance », signé en 1881 entre le Be
de Tunis et le gouvernement de la République Française, ainsi que
convention additionnelle de « Protectorat » de 1883 ayant garanti
respect de la nationalité et du statut tunisiens, la justice tunisienne
subsisté et subsistera tant que l'Etat tunisien existera. Le jour où
France jugera opportun de détruire l'Etat tunisien contre la volon
unanime du peuple tunisien, la justice tunisienne disparaîtra avec
nationalité et le statut tunisiens. Certains prêtent à la France l'inte
tion d'accomplir ce changement pour unifier la méthode d'admini
tration avec celle de l'Algérie. Nous ne le croyons pas, pour not
part. Dans tous les cas, aucun Tunisien ne consentira ni au chang
ment, ni à l'unification d'un système d'asservissement que nou
exécrons.

La justice tunisienne devant exister et exister purement tun
sienne et *non mixte*, a-t-on fait le nécessaire pour la moderniser,
perfectionner le fonctionnement et assurer au peuple toutes les gara
ties d'une bonne justice ? Nous n'hésitons pas à répondre : Non, rie
n'a été fait !

Qu'on ne vienne pas nous rappeler ce qu'était cette justice ava
le Protectorat ! Nous sommes à l'aise pour répondre une fois po
toutes à ce sujet : Tous les pays étaient arriérés au point de vue
la justice, il y avait autrefois en France les « épices » ; dans certai
pays de l'Europe civilisée, la justice est encore au plus offrant. Il e
très probable, il est même certain que, si nous avions été laissés libre
nous aurions réalisé des progrès tout comme les autres nations. L
réformes accomplies avant le protectorat et les institutions créées
dénotent clairement. Qu'on ne dise pas, comme on en a pris l'hab
tude, que la religion et les mœurs orientales sont un obstacle a
progrès ! Rien de plus faux. L'exemple du Japon est là pour nou
démontrer ce dont est capable un peuple jeune et actif qui, av
cela, garde jalousement sa religion et ses mœurs.

Dans les pays musulmans la justice a été réorganisée, perfection
née. Ainsi, par exemple, l'Egypte, pays nord-africain, de mêm

ngue et de même religion que nous, a, depuis longtemps, adopté
s réformes utiles. Le gouvernement égyptien, d'accord avec le
aut Commissaire anglais, songeait, avant la guerre, à supprimer les
bunaux mixtes. Nous savons qu'actuellement le gouvernement
glais négocie avec les puissances européennes pour obtenir le
nsentement à la suppression des tribunaux mixtes et l'extension
 la compétence de la justice égyptienne à tous les étrangers.

Ce n'est qu'en Algérie qu'une justice — si on peut l'appeler de
 nom ! — spéciale et « odieuse », sans aucune garantie légale de
curité, continue à asservir le peuple.

Ce n'est qu'en Tunisie qu'aucune réforme sérieuse n'a été appor-
e dans le fonctionnement d'une justice où la confusion des pou-
oirs est lamentable et est la source de tous les abus et de toutes les
justices qui se commettent journellement.

La justice est *une* : ou elle est bonne ou elle est mauvaise et,
ns ce dernier cas, c'est l'injustice avec l'insécurité pour les per-
onnes et les biens.

Tout le monde était d'accord qu'il fallait prendre des mesures
dicales pour améliorer le fonctionnement de cette justice et donner
tisfaction à la population tant musulmane qu'israélite. Plusieurs no-
bles et avocats musulmans dans des études très approfondies et con-
iencieuses ont indiqué les remèdes à cette situation : meilleur recrute-
ent des magistrats ; — élévation des appointements des juges pour
s mettre à l'abri du besoin ; — augmentation du nombre des tribu-
aux de province et des chambres pour décharger les tribunaux
ctuels ; — création de parquets et de cabinets de juge d'instruction ;
– création d'une justice de paix pour abolir la justice des caïds ; —
éparation du pouvoir administratif et du pouvoir judiciaire pour
onner l'indépendance nécessaire aux magistrats vis-à-vis de l'admi-
istration et du pouvoir exécutif, lesquels sont habitués à s'immiscer
ans la justice et à faire rendre les sentences qu'ils désirent ; — pro-
ulgation de codes complets et création d'une cour de cassation pour
urveiller la bonne application de la loi.

Mais l'administration ne l'entendait pas ainsi et ne consentait
ucunement à se dessaisir du pouvoir exorbitant qu'elle détient pour
erroriser et humilier l'élément tunisien. Au lieu de désigner une

commission, composée de personnalités tunisiennes et françaises d
la magistrature et du barreau, qui aurait étudié la question et propos
les réformes utiles, l'administration se contente tout bonnement d
son propre avis. Elle n'entend pas ouvrir de discussions à ce sujet
c'est à elle de décider du sort des Tunisiens et ces derniers n'on
qu'à s'incliner.

Au lieu de procéder à des réformes radicales, le gouvernemen
hésite, tâtonne pour aboutir à des réformes mort-nées! En 1906, i
augmente les droits de timbre, d'enregistrement et de chancellerie
sur les actes de la justice tunisienne de cent pour cent, sous prétext
de pourvoir à l'amélioration des services de cette juridiction. Et le
nouvelles taxes imposées aux Tunisiens ont servi à procurer de
sinécures à de nouveaux fonctionnaires français, comme on le verra

Nous avons voulu par le présent travail, certes impartiat, faire
voir sous son véritable jour autant qu'il nous est possible de l
faire, le fonctionnement de cette justice dans laquelle nous avons
exercé différentes fonctions pendant neuf ans. Nous avons voulu
aussi faire part de l'opinion unanime des magistrats tunisiens sur le
réformes qui leur paraissent utiles pour la bonne administration de
la justice et la sécurité des justiciables.

LA JUSTICE TUNISIENNE

La justice tunisienne comprend :

1° *Une juridiction administrative non légalement constituée :* la Section d'Etat ;

2° *Des juridictions légalement constituées :* les juridictions religieuses pour trancher les questions de statut personnel (tribunaux du Charaâ pour les Musulmans et tribunaux rabbiniques pour les israélites) et les juridictions laïques.

Disons tout de suite que le principe de la séparation des pouvoirs n'est nullement observé en Tunisie et que toutes nos juridictions sont sous la tutelle de l'administration générale et de son chef, le Secrétaire général du Gouvernement tunisien.

Nous divisons le présent travail en trois parties :

La première, consacrée à la *Section d'Etat* ;

La seconde, aux *juridictions religieuses* ;

La troisième, aux *juridictions laïques.*

PREMIÈRE PARTIE

LA SECTION D'ÉTAT

Il ne s'agit pas d'un tribunal administratif légalement constitu
comme il en existe en France pour trancher certains différends d'ordr
administratif s'élevant entre les particuliers et l'autorité. Il s'agit i
de fonctionnaires qui, *illégalement*, prononcent des condamnation
répressives contre les Tunisiens.

La Section d'Etat constituait autrefois le ministère de l'intérieu
Elle connaissait de l'information des plaintes portées contre les fonc
tionnaires de l'Etat. Ses agents procédaient à une enquête en règle e
soumettaient leurs conclusions à S. A. le Bey qui décidait souverai
nement. Depuis le protectorat, le vrai ministre de l'Intérieur est l
Secrétaire Général du Gouvernement Tunisien. La Section d'Eta
est sous sa direction. Petit à petit sa compétence a été considérable
ment étendue, non par des textes de loi, mais simplement par l
pratique. Autrefois l'administration procédait à des enquêtes contra
dictoires dans les seules affaires concernant les fonctionnaires, aujour
d'hui elle délivre des lettres de cachet contre les simples particuliers
sur l'ordre du Secrétaire Général des madrouds (jugements) sont pré
parés par les fonctionnaires de la Section d'Etat et soumis à l'appro
bation de S. A. le Bey portant des condamnations à la prison, ;
l'amende, à l'internement ou à l'expulsion contre les Tunisiens
sans enquête, sans interrogatoire. Le Tunisien est condamné à *so*
insu, arrêté à l'improviste et emprisonné [1].

---

[1] « A l'encontre des Tunisiens le pouvoir du Secrétaire général est illimité : il
fait et défait les décrets qui font ici office de loi, les applique à son gré ou n'en
tient aucun compte. »

L'internement administratif et l'expulsion n'étaient pas connus en Tunisie. D'ailleurs comment peut-on concevoir qu'un citoyen puisse être expulsé de son pays? Le gouvernement les a inaugurés il y a quelques années. L'acte insensé du 13 mars 1912 a été un coup de maître dans l'arbitraire et l'illégalité: des Tunisiens ont été *expulsés* du territoire tunisien et d'autres internés dans des villages du sud, sans avoir été prévenus de l'accusation qu'on portait contre eux, ni entendus dans leurs moyens de défense. Le délit dont ils étaient accusés n'existait pas, il n'a même pas été mentionné sur le maâroud (jugement) qu'on a obligé S. A. le Bey à signer *après coup.*

*

En vertu de quel droit l'administration prétend-elle pouvoir agir ainsi?

« *S. A. le Bey est un souverain absolu qui dispose comme il l'entend de la personne et des biens de ses sujets.* »

Tel est le principe qu'invoque le gouvernement pour justifier de tels procédés. Telle est la formule, en vertu de laquelle les droits du peuple tunisien sont méconnus. Or, une pareille formule érigée en principe de gouvernement despotique ne peut résister à l'examen. Il y a longtemps que les garanties légales ont été octroyées aux Tunisiens par une charte solennelle, le *Pacte fondamental.* Cette charte promulguée le 20 moharem 1274 de l'hégire (10 septembre 1857) reconnaît et garantit la liberté et les droits individuels à tous les habitants de la Tunisie en ces termes :

Article premier. — **Un respect complet de leur personne, de leurs biens et de leur honneur sera assuré à tous nos sujets, à tous les habitants de la Tunisie quelles que soient leur religion, leur nationalité et leur race, sauf dans les cas prévus par la loi et dont la connaissance sera dévolue aux tribunaux.**

Article 3. — **Les Musulmans et les autres habitants du pays seront égaux devant la loi.**

Quelques années plus tard, le 15 chaoual 1277 (26 avril 1861) *une nouvelle charte politique*, le décret sur l'organisation politique de la Régence est venue consacrer ces garanties en ces termes :

Article 86. — **Tous les sujets tunisiens, à quelque religion qu'ils appartiennent ont droit au respect absolu de leur per-**

sonne, de leurs biens et de leur honneur, conformément aux dispositions de l'article premier du Pacte fondamental.

Article 88. — Tous les sujets tunisiens à quelque religion qu'ils appartiennent sont égaux devant la loi, dont les prescriptions sont applicables à tous indistinctement, sans égard ni au rang, ni à la fortune.

Article 89. — Ils ont la libre disposition de leur personne et de leurs biens et ne peuvent être forcés à faire quelque chose contre leur gré, sauf le service militaire dont les prestations sont réglées par la loi. Nul ne pourra être exproprié que pour cause d'utilité publique et moyennant indemnité.

Article 90. — Les crimes, délits et contraventions que pourront commettre nos sujets, à quelque religion qu'ils appartiennent, ne pourront être jugés que par les tribunaux constitués.

Article 107. — Leur liberté individuelle (des étrangers) sera respectée à l'égal de celle des sujets tunisiens.

Article 109. — Il est garanti aux étrangers établis dans le Royaume, comme il l'a été aux sujets tunisiens, un respect complet pour leurs biens de toute nature et pour leur honneur.

Ces deux chartes ordonnent impérieusement le respect de la personne, des biens et de l'honneur de tous les habitants sans distinction de religion, de race ou de nationalité; elles proclament l'égalité de tous devant la loi sans égard ni au rang, ni à la fortune, ni à la nationalité ou à la religion; elles spécifient que les crimes, délits et contraventions ne pourront être jugés que par les tribunaux constitués. En un mot, elles garantissent les droits individuels qui sont : a) *l'égalité civile,* c'est-à-dire l'égalité devant la loi, l'égalité devant la justice, l'égalité devant l'impôt; b) *la liberté individuelle* avec les garanties contre les arrestations, emprisonnements et pénalités arbitraires, l'inviolabilité du domicile, la liberté de réunion et la liberté de la presse, la liberté d'association et la liberté d'enseignement.

On ne peut donc légalement soutenir que le souverain « peut disposer comme il l'entend de la personne et des biens de ses sujets » puisque le souverain lui-même a promulgué des chartes, des *lois,* dans l'intérêt commun pour l'avenir et pour toujours. A partir de la promulgation du *Pacte fondamental,* il n'y a plus en Tunisie de *gouvernement despotique ou arbitraire,* il ne doit au contraire exister qu'un *gouvernement légal* puisqu'il y a des *lois* de garantie. Tant qu'elles existent, elles doivent être la règle suivant laquelle l'autorité du souverain s'exerce. Il est même interdit à ce dernier de promulguer de nouvelles lois ou de prendre des décisions sur des cas isolés qui portent atteinte aux droits individuels.

Or, que voyons-nous actuellement? Nos garanties légales sans être abrogées sont constamment violées, nos droits individuels sont méconnus. Nous ne jouissons même pas du *droit des gens* reconnu partout aux étrangers : nous subissons un régime d'exception.

Le respect de la personne n'existe pas. Malgré les textes explicites et clairs que nous venons de citer, les Tunisiens ne jouissent ni de la liberté de la presse ni de celle de réunion ni d'aucune autre liberté, leurs domiciles sont constamment violés, ils subissent tous les jours des arrestations, emprisonnements et pénalités arbitraires. Les fonctionnaires se substituant aux tribunaux constitués s'arrogent le droit de juger dans leurs bureaux les crimes, les délits, les contraventions et même certains faits qu'aucune loi ne qualifie de délits, et de prononcer l'amende, l'emprisonnement, l'internement et l'expulsion de Tunisiens de leur pays, sans interrogatoire, sans enquête contradictoire, même à l'insu des condamnés qui sont mis devant le fait accompli avec cette réponse : « C'est S. A. le Bey qui a jugé ! » Ils s'arrogent le droit de décider de l'honneur des Tunisiens, de consommer la ruine des familles, en violation des chartes du pays et des principes du droit musulman. Car, nous ne cesserons de le répéter : de telles pratiques sont contraires au droit musulman qui nous régit et qui pose comme règles de la constitution d'une société, la justice, l'égalité et la liberté des citoyens.

Or il est un principe de droit musulman qui est sacré, qu'on ne doit pas fouler aux pieds : c'est que la loi n'autorise aucun juge, fût-il le juge suprême, à prononcer une condamnation (pénale ou civile) sans avoir interrogé l'inculpé ou le défendeur et l'avoir mis à même de produire et d'*épuiser* tous ses moyens de défense [1].

Ce principe s'accorde d'ailleurs avec le droit français. Comment se fait-il que le Représentant de la France ait autorisé l'introduction chez nous d'une procédure contraire au droit musulman et au droit

---

[1] En droit musulman il n'y a pas de jugement par défaut : tous les jugements doivent êtes rendus contradictoirement.

français? Aurait-elle existé autrefois, que son devoir l'obligerait à la supprimer, car la France, en proclamant son protectorat sur la Tunisie, a promis au peuple la justice et la liberté.

« Sans pouvoirs administratifs étendus pour *intimider* les indigènes, soutiennent les fonctionnaires aussi bien en Tunisie qu'en Algérie, il n'y a pas de sécurité possible. Avec le respect des droits individuels des indigènes il n'y a pas de prépondérance française! »

Telle est la mentalité des administrateurs. Et pourtant est-ce que les tribunaux réguliers de droit commun ne sont pas capables de poursuivre les délinquants si délit il y a? Ce qu'on n'ose pas dire c'est que l'administration n'aime pas la lumière de l'audience car presque toujours l'inculpation qui sert de base à une condamnation n'est pas juridique, elle n'est pas définie en droit, elle ne tombe pas sous le coup de la loi! Presque toujours la condamnation est due à l'intervention de colons, d'associations de colons, d'agents de l'administration dans le but de faire respecter leur autorité basée sur l'arbitraire et la corruption. Souvent même les faits reprochés ne sont établis par aucune preuve, et c'est pour cela que la condamnation atteint des innocents à leur insu.

Telles sont les lettres de cachet délivrées sur l'ordre du Secrétaire général du gouvernement tunisien qui en fait endosser la responsabilité au souverain. Ce dernier est obligé de signer les sentences qu'on lui présente, il ne les connaît même pas : c'est une formalité. S. A. le Bey déplore lui-même de pareilles pratiques qui dépassent en injustice les prérogatives du Gouverneur général de l'Algérie.

Cette situation ne peut durer. Il est urgent de mettre fin au mécontentement du peuple qui souffre et de donner satisfaction à ses aspirations légitimes. Il s'agit simplement pour le gouvernement de rentrer dans la *légalité*, de respecter les chartes existantes qui garantissent les droits individuels, de proclamer la séparation des pouvoirs, de promulguer enfin une *constitution* s'inspirant des principes de justice et de liberté qui animent aujourd'hui les peuples.

DEUXIÈME PARTIE

JURIDICTIONS RELIGIEUSES

La majorité du peuple tunisien appartient au culte musulman, une faible minorité appartient à la religion de Moïse. En vertu des principes du droit public musulman, les Israélistes jouissent du respect absolu de leur culte et de leur statut. Parallèlement aux tribunaux religieux du charaâ pour les Musulmans, il y a les tribunaux rabbiniques qui connaissent des questions de statut personnel entre israélites.

SECTION I

Tribunaux du charaâ

En principe, le tribunal religieux musulman est à juge unique qui s'appelle *cadi* (juge).

Il y a dans chaque province administrative de la Tunisie un cadi et un *mufti*, ce dernier chargé de donner des consultations juridiques. A Tunis, il y a deux cadis, l'un du rite hanéfite et l'autre du rite malékite, plusieurs muftis des deux rites et un *Cheikh-el-islam*.

Les jugements des cadis de province sont susceptibles d'appel devant les cadis de Tunis. Les affaires importantes sont soumises au tribunal du charaâ de Tunis, composé des cadis et des muftis, présidés par le Cheikh-el-islam.

Tous ces magistrats sont nommés par décret de S. A. le Bey. Ils ne sont pas payés sur le budget de l'Etat tunisien, mais sur celui de

dministration des fondations pieuses musulmanes. Ils dépendent du
remier Ministre.

Les tribunaux du charaâ connaissent de tous les litiges s'élevant
ntre Musulmans tunisiens ou *assimilés* (c'est-à-dire les Musulmans
ujets d'une puissance musulmane) au sujet du statut personnel :
ariage, divorce, tutelle, émancipation, interdiction, succession. Ils
onnaissent aussi des affaires pétitoires même lorsqu'un Européen
st en cause, la propriété immobilière devant être régie par la loi du
ays. Depuis l'institution de l'immatriculation de la propriété fon-
ère et la création du tribunal mixte, la compétence des affaires
es propriétés immatriculées leur échappe, car la loi foncière nouvelle
onfère à ces propriétés la nationalité française et leur étend la com-
étence des tribunaux français.

Les tribunaux du charaâ ont toujours su garder leur indépen-
ance vis-à-vis de l'Administration. Malheureusement, dans certains
erritoires du sud, les officiers des bureaux militaires traitent les
adis en fonctionnaires obligés de se soumettre à leurs ordres. Le
ouvernement doit mettre fin à cet état de choses.

Les tribunaux du charaâ appliquent la loi musulmane. Mais cette
oi n'est pas codifiée et les interprétations qu'on donne aux textes
endent leur tâche difficile et font trainer les procès en longueur.

Réorganisation. — Certaines réformes utiles auraient pu être
ntroduites dans le fonctionnement des tribunaux du charaâ. La codi-
cation des textes de la loi musulmane s'imposait depuis longtemps
our faciliter la tâche de ces tribunaux et accélérer la solution des
ffaires. Une autre mesure s'imposait : l'attribution des affaires péti-
oires aux tribunaux séculiers qui connaissent déjà du possessoire. Le
ouvernement aurait pu s'inspirer de ce qu'ont fait, depuis longtemps
ans ce domaine, d'autres pays musulmans.

En Egypte, pays de langue arabe comme la Tunisie, les tribunaux
eligieux dépendent du Ministère de la justice et les magistrats et
onctionnaires du charaâ sont payés sur le budget de l'Etat. Ces tri-
unaux siègent avec un ou trois cadis suivant l'importance des
ffaires. Ils tiennent des audiences publiques assistés d'un greffier.

Leurs jugements sont susceptibles d'appel. Près de chaque tribunal se trouve un mufti pour interpréter les textes obscurs. Les textes de loi du rite hanéfite sont codifiés depuis plus de trente ans sous le nom de « *El ahoual ech-chakhsia* » (statut personnel : mariage, divorce, émancipation, interdiction, tutelle, succession). Ce code a été fondu plusieurs fois, il est en cours de refonte : on prend de tous les rites les textes utiles.

Les affaires immobilières, le possessoire aussi bien que le pétitoire, ne sont plus de la compétence du charaâ mais des tribunaux séculiers égyptiens.

La contrainte par corps a été abolie en matière civile, commerciale et de statut personnel en Egypte. Les jugements des tribunaux du charaâ égyptien sont exécutés par les huissiers comme ceux des tribunaux séculiers.

Pourquoi le Gouvernement tunisien n'adopterait-il pas les réformes et les codes qui ont fait leurs preuves en Egypte depuis plus de trente ans? La loi musulmane est une, elle est applicable à tous les Musulmans partout où ils se trouvent. Si certains textes sont ordinairement plus observés que d'autres, une commission de juristes peut facilement remanier le code égyptien de « El ahoual ech-chakhsia » en y faisant entrer les textes consacrés par les mœurs tunisiennes et en excluant ceux qui ne sont pas appliqués chez nous.

SECTION II

Tribunaux rabbiniques

Dans chaque province, il y a un rabbin assisté de un ou plusieurs notaires. A Tunis, il y a un tribunal rabbinique composé du Grand Rabbin comme président, d'un vice-président, de deux juges, d'un greffier et de quelques huissiers. Ils sont nommés par décret de S. A. le Bey et dépendent du Premier Ministre. Ils sont payés sur le budget de l'Etat.

Les tribunaux rabbiniques connaissent des affaires de statut personnel entre Israélites tunisiens ou assimilés et appliquent la loi mosaïque.

Est-il besoin de dire que nos compatriotes israélites qui tiennent au respect de leur culte et de leur statut demandent, non la suppression de ces tribunaux, mais l'amélioration de leur fonctionnement.

TROISIÈME PARTIE

JURIDICTIONS LAIQUES

Les différentes juridictions laïques tunisiennes sont :

1° *Les juridictions des Caïds* ou gouverneurs de province ;

2° *les Tribunaux de province* ou de première instance ;

3° *le tribunal de l'Ouzara* qui comprend la Chambre criminelle, la Chambre des appels correctionnels et la Chambre des appels civils.

SECTION I
L'administration de la justice et les différents tribunaux et services

CHAPITRE PREMIER
La Direction des Services Judiciaires

Les différents services de la justice laïque forment une « Direction des services judiciaires » à la tête de laquelle se trouve un magistrat français ayant le titre de « Directeur des services judiciaires ». Mais il dépend du Secrétaire Général du gouvernement tunisien, chef de l'administration générale, et est, en quelque sorte, un simple chef de bureau chargé de l'exécution des ordres de son supérieur ; il n'a aucune initiative. Ainsi donc la justice tunisienne

forme pas une « Direction » indépendante de l'administration
ntrale avec un « Chef de service » responsable comme toutes les
tres directions du gouvernement du protectorat (finances, ensei-
ement, agriculture, travaux publics, postes et télégraphes, etc.). De
la confusion des pouvoirs.

Il y a quelques années, M. Roy, mis à la retraite comme ministre
France et Secrétaire général du gouvernement tunisien, a été
ommé « Secrétaire général pour la justice ». Cette nomination a
é une mesure de condescendance créant une sinécure pour ne pas
sser dans l'oisiveté un vénérable vieillard ! [1]

La Direction des Services judiciaires comprend sept bureaux ou
rvices :

1° Le *Service du cabinet*, avec un « chef de cabinet et du person-
l » et quelques secrétaires et interprètes chargés de l'administra-
on proprement dite : réception, traduction, distribution, rédaction
expédition de la correspondance ; classement et conservation des
chives de l'Ouzara (service du greffe des chambres civile et pénale) ;
ablissement des dossiers du personnel, des statistiques, etc.

2° Le *Bureau civil*, avec un chef de bureau et quelques secré-
ires chargés de la mise en état des requêtes en matière civile, de
ur distribution entre les juridictions compétentes, de la correspon-
nce.

3° Le *Bureau pénal*, avec un chef de bureau et quelques secré-
ires avec les mêmes attributions que le bureau précédent [2] mais en
atière pénale.

4° Le *Service de l'instruction*, qui s'occupe de l'information des
faires pénales.

5° Le *Bureau d'exécution des jugements tunisiens*.

6° Le *Bureau d'exécution des jugements français* rendus contre
s Tunisiens (décret du 17 juin 1901).

---

[1] Ce qui coûte au budget 20 ou 24,000 fr. par an !

[2] Autrefois les chefs de ces deux bureaux soumettaient au visa du Directeur
s Services judiciaires les projets de sentence préparés par les Chambres. Aujour-
hui cette formalité est remplie par les présidents de Chambre eux-mêmes.
autre part la Chambre civile n'est plus un tribunal de premier degré, elle est
venue une Chambre d'appel. Dans ces conditions l'existence des bureaux civil
pénal est donc inutile : ils font double emploi avec le greffe.

7° Le *Service des audiences*, chargé de procéder aux débats et à préparer les projets de sentence à soumettre à S. A. le Bey. C'est ce service qu'on désigne spécialement sous le nom de *Tribunal de l'Ouzara*. Tribunal sans magistrat, ces derniers ne sont en effet que des secrétaires, ils ne jugent pas, ils sont chargés de préparer un *projet de sentence*. Justice retenue et confusion des pouvoirs, tels sont les deux traits caractéristiques de ce tribunal, si on peut l'appeler ainsi, et qu'on ne rencontre qu'en Tunisie.

Quelles sont les attributions du Directeur des Services Judiciaires agissant sous les ordres du secrétaire général du gouvernement tunisien?

Il a d'abord la haute main sur le personnel judiciaire : nominations, avancements, déplacements, congés, etc. Il y a quelques années son pouvoir a été quelque peu limité par un décret (1909) réglant le statut des magistrats tunisiens : il ne peut plus révoquer un magistrat ou prendre une mesure disciplinaire d'une certaine gravité qu'après décision d'un conseil de discipline.

En outre il est maître de l'action publique (arrêté ministériel de décembre 1896); c'est lui qui la met en mouvement, il dirige les enquêtes, fait rendre les jugements qu'il juge utiles, au pénal et au civil, et intervient dans l'exécution des jugements civils qu'il a fait rendre en édictant les mesures qu'il juge bonnes.

Tels sont les pouvoirs exorbitants qu'il détient : il est au pénal *celui qui accuse, celui qui instruit, celui qui juge ;* au civil, *il juge et il exécute.*

Nous verrons dans la suite comment s'exerce son intervention dans chaque tribunal.

CHAPITRE II

Juridiction des caïds

Le *caïd* (gouverneur de province) est un agent administratif. Il représente le pouvoir central à la tête des provinces tunisiennes appelées *caïdats ;* ses fonctions peuvent être assimilées à celles des administrateurs et des préfets en Algérie. Il est en plus un agent du fisc : il perçoit les impôts. Il a aussi des attributions judiciaires multiples. Ainsi cet agent cumule les fonctions les plus diverses. Ni lui, ni ses subordonnés les *cheikhs* ne sont rétribués par l'Etat : ils n'ont que la remise de cinq pour cent sur les rentrées du trésor qu'ils assurent. Il en est de même de ses bureaux qui sont recrutés et payés par lui sans aucune intervention de l'Etat. Très souvent ces bureaux sont au-dessous de leur tâche et composés d'agents peu ou pas payés, de moralité douteuse, anciens fonctionnaires révoqués parfois ! Ils ne se gênent nullement pour se faire payer directement par le public ! Ajoutons que la majeure partie des caïds sont illettrés ou ignorants et se contentent de signer les pièces, rapports, etc., préparés par ces employés ! La plupart des caïds emploient aussi comme secrétaires des notaires qui ont pour rémunération les honoraires des actes qu'ils établissent. Et pour grossir leurs émoluments, les notaires-secrétaires multiplient les actes notariés (hodjas) là où un simple rapport de l'autorité, gratuit par conséquent, suffirait. C'est un funeste usage que celui qui consiste à faire payer directement au public les honoraires des agents administratifs auxquels il a affaire ou à confier aux fonctionnaires le soin d'appointer leurs subordonnés. « Cet usage, dit M. de Dianous, ancien contrôleur civil en Tunisie, commode et économique pour l'Etat, est barbare et fertile en abus ! »

Le caïd a des pouvoirs discrétionnaires illimités notamment celui d'arrêter et de faire mettre en prison, n'importe qui, selon son bon plaisir.

§ 1. — Attributions judiciaires

En matière judiciaire, le caïd a des attributions diverses qui augmentent la confusion, faussent la justice et sont la source d'abus intolérables.

Juge, il connaît, en matière pénale, des contraventions jusqu'à vingt francs d'amende et quinze jours de prison, et, en matière civile, des demandes ne dépassant pas trente francs.

Les procès-verbaux constatant les contraventions, rédigés en français, sont transmis au caïd, par la gendarmerie, la police ou la direction des Services Judiciaires. Il les fait traduire par un de ses employés et convoque les contrevenants par l'intermédiaire des *spahis* (gendarmes tunisiens) attachés à son service. Le contrevenant se présente à la date fixée devant le caïd ou son secrétaire qui le condamne immédiatement soit à la prison, soit à l'amende et aux frais de la convocation (un franc ou plus, suivant le degré de moralité de l'agent!). La condamnation est exécutée immédiatement par le caïd lui-même (il a une geôle, pour les condamnés à la prison). Il fait mention sur un registre spécial de la contravention, de la condamnation et du nom du contrevenant.

En matière civile, le demandeur introduit la demande et paie un droit de timbre (un franc vingt centimes) et les frais de la convocation (un franc au moins). Le défendeur comparaît, reconnaît ou conteste la demande, les parties administrent leurs preuves et le jugement est *rendu* par le caïd et immédiatement *exécuté* par ce même juge.

Le caïd ne juge pas en premier ressort. Tous ses jugements sont en dernier ressort : ils ne sont pas susceptibles d'appel. Le condamné peut, il est vrai, en demander la revision à S. E. le Premier Ministre qui l'accorde ou non. Mais il préfère renoncer à son droit, il se résigne à subir le mal (quelquefois son avenir est brisé par une condamnation à la prison), car, d'une part, la condamnation est déjà exécutée et d'autre part, des frais énormes qu'il ne peut avancer sont nécessaires pour tenter une revision problématique! Sans compter qu'il craint toujours l'animosité du fonctionnaire qui l'a condamné et qui dispose de pouvoirs exorbitants !

Dans les villes où il y a un tribunal de première instance tunisien (Tunis, Le Kef, Sousse, Kairouan, Sfax, Gabès, Gafsa) la compétence des affaires de simple police et des demandes jusqu'à trente francs dont le caïd connaissait, a été attribuée au Président du tribunal qui les juge *en référé*. C'est un progrès : les présidents des tribunaux de province tranchent ces affaires avec toute la compétence désirable et les justiciables ne sont plus exposés à l'incapacité des caïds et de leurs subordonnés.

Huissier, le caïd fait parvenir aux parties les citations qui lui sont transmises à cet effet par les différents tribunaux tunisiens et il exécute les jugements et arrêts rendus par ces mêmes tribunaux ainsi que certains jugements des tribunaux français conformément au décret de juin 1901, ainsi qu'on le verra plus loin.

Officier de police judiciaire, pour les délits et les crimes, il procède à des enquêtes, à l'arrestation des inculpés et fait parvenir des rapports et procès-verbaux aux tribunaux de province ou à la direction des Services Judiciaires. Voici de quelle façon il procède :

En cas de délit, le plaignant porte plainte au caïd qui l'autorise à faire dresser une *hodja* (acte de preuve notarié) par ses secrétaires-notaires. Ces derniers consignent dans l'acte la déposition du plaignant et celles de ses témoins, s'il en a. Mais cet acte ne contient aucun renseignement utile : date et lieu du délit, âge, parenté, profession et domicile des parties et des témoins, etc. Ensuite le caïd fait procéder à l'arrestation de l'inculpé et après interrogatoire très sommaire, l'envoie avec le dossier ainsi constitué au tribunal compétent. C'est aux magistrats à tout deviner et à suppléer aux lacunes de ce dossier !

En cas de crime, le caïd ou son secrétaire se transporte parfois sur les lieux avec les éternels secrétaires-notaires à tout faire. Dans un acte *d'accusation* notarié, il consigne la déposition du plaignant et celles des témoins s'il y en a, fait procéder à l'arrestation du ou des inculpés, les interroge très sommairement et les envoie avec le dossier à la Direction des Services Judiciaires. Ce dossier est aussi incomplet, aussi insignifiant qu'en cas de délit. Et pourtant le caïd a mis, deux, trois et quelquefois six mois pour transmettre ce dossier à la direction ! Malgré sa bonne volonté et sa capacité, le juge d'instruction est ainsi mis dans l'impossibilité complète de procéder à une information consciencieuse : trop de temps s'est écoulé pour qu'on puisse faire des constatations et recueillir des renseignements utiles.

Pour certains caïds et leurs secrétaires dont l'immoralité est notoire, l'exercice des attributions d'officiers de police judiciaire est une source de bénéfices très appréciables ! Aucun contrôle n'est possible, aucune amélioration n'est à espérer d'eux : on ne peut demander à des agents illettrés et absorbés par des attributions administratives multiples de s'improviser magistrats et de faire les enquêtes avec la compétence et les garanties de sécurité utiles pour les justiciables.

Souvent, très souvent, cet agent du pouvoir administratif n'hésite pas à impliquer dans des affaires de délits ou de crimes, des administrés qui déplaisent, qui se sont montrés mécontents de son administration, ou qui s'étaient plaints de lui, en un mot tous ceux qui demandent qu'on respecte leurs droits. Et en cela il est encouragé par ses chefs, le secrétaire général du gouvernement Tunisien et la Section d'Etat qui n'hésitent pas à condamner administrativement à la prison et à l'amende des personnes qui ont été acquittées par les tribunaux réguliers, ou même sans les traduire devant ces tribunaux.

Les pouvoirs judiciaires du caïd ne sont pas fixés par des textes de lois précis. La plupart de ses attributions, lui ont été données par des circulaires du secrétaire général du gouvernement tunisien.

Peut-on exercer un contrôle efficace sur les travaux du caïd en ce qui touche la justice? Aucunement. Les attributions de ce fonctionnaire sont si multiples, si variées, si opposées, la confusion des pouvoirs est tellement grande qu'il est impossible d'y rien comprendre. Malgré sa bonne volonté, M. Berge n'a pu trouver un remède efficace. Nous avons, comme interprète, accompagné son successeur dans ses inspections chez les caïds. Il se contentait d'apposer son visa sur les registres des caïds! Toutes les recommandations qu'il leur faisait restaient incomprises et inexécutées!

§ 2. — Atteintes aux lois sur la compétence

Cette confusion des pouvoirs judiciaire et administratif entre les mains du caïd, l'amène à commettre des injustices criantes. Le peuple en gémit et en souffre.

Loin de remédier à cette situation lamentable, l'administration, au contraire, l'aggrave de plus en plus par des dérogations et des attentats au droit commun :

1° En décembre 1896, sous la pression des colons qui n'arrivaient pas à obtenir devant leurs juges naturels la justice *qu'ils voulaient*, un décret fut rendu sur la police rurale attribuant aux caïds de la Régence, concuremment avec la justice française et au choix du plaignant, compétence pour juger les contraventions de paccage (animaux non surveillés, inattention) commises par des Tunisiens au préjudice d'un colon, et condamner à la prison, à l'amende et ux dommages-intérêts jusqu'à concurrence de deux cents francs !

Ce décret sanctionne une inégalité de traitement intolérable entre colon et Tunisien, car il n'y a pas de réciprocité : si le délinquant est un colon, il jouit de toutes les garanties des lois et des tribunaux français. D'autre part on porte atteinte à la loi instituant la justice française en Tunisie, on déroge au droit commun pour servir des buts inavouables.

Et l'on voit ainsi le colon refuser d'aller devant ses juges naturels parce que devant les agents de l'administration, caïds ou cheikhs, subalternes du caïd), il obtient par intimidation la condamnation requise, sans preuve, sur sa simple déclaration, ainsi que des dommages-intérêts hors de proportion avec la contravention.

Nous avons eu maintes fois, au cours de notre carrière dans la magistrature tunisienne, à examiner sur évocation (en vertu de l'article 39 du décret organique des tribunaux de province tunisiens) les jugements de cette nature où les caïds, embarrassés, motivaient ainsi leurs condamnations :

« Attendu que M. X (le colon) est *honorable !*

« Condamnons Y (le Tunisien) à ..... etc.

D'autres jugements étaient encore plus ridicules !

Et ces jugements ne sont un secret pour personne, les dossiers des affaires évoquées ou en appel sont mis à la disposition des parties et de leurs avocats dans le greffe de la Cour d'appel.

La condamnation étant en dernier ressort, le caïd exécute immédiatement le jugement qu'il vient de rendre. Rare sont ceux qui, après l'exécution du jugement, demandent l'évocation de l'affaire devant la Cour d'appel de Tunis. Un habitant de Gabès, par exemple, préfère renoncer à son droit que d'aller se défendre à Tunis. Et combien d'innocents sont ainsi condamnés arbitrairement à la prison et à des dommages-intérêts !

2° En juin 1901, un décret de S. A. le Bey autorise l'administration tunisienne et ses agents les caïds à exécuter les jugements rendus par les tribunaux français contre les Tunisiens. Nous examinons plus loin cette dérogation à la loi française.

CHAPITRE III

Tribunaux de province ou de 1ʳᵉ instance

Les tribunaux de province dits régionaux ont été organisés e
1896 et les deux années suivantes. Il y en a sept en Tunisie,
Tunis, Le Kef, Sousse, Kairouan, Sfax, Gabès et Gafsa. La compé
tence territoriale de ces tribunaux est parfaitement délimitée : chacu
d'eux étend sa juridiction sur un certain nombre de caïdats.

Chaque tribunal est composé d'un président, de deux juges, d'u
juge suppléant, d'un greffier et d'un greffier suppléant. Les magis
trats sont nommés par décrets de S. A. le Bey sur la proposition d
directeur des services judiciaires, approuvée par le secrétaire généra
du gouvernement tunisien, à l'exception des magistrats du tribuna
de première instance de Tunis dit « Tribunal de la Driba », qui son
on ne sait pourquoi, nommés par arrêtés du secrétaire général. S. A
le Bey *délègue* les magistrats des tribunaux de province pour juge
en son nom.

Les greffiers sont nommés par arrêtés du secrétaire général. C
sont des fonctionnaires rétribués par l'Etat et qui ne touchent pa
d'émoluments des justiciables.

Il n'y a *ni parquet, ni cabinet d'instruction* près ces tribunaux e
le juge qui instruit une affaire pénale est en même temps juge du siège
pour solutionner cette affaire.

Le tribunal siège avec trois magistrats, dont l'un est président
et rend ses jugements *au nom et par délégation de S. A. le Bey*, à l
majorité absolue des voix. Le président mentionne sur le dossier d
l'affaire les déclarations des parties et de leurs défenseurs, s'il y en a
ainsi que les considérants et le dispositif du jugement. Le greffie
assiste à l'audience simplement pour faire l'appel des causes.

Chaque tribunal est ainsi composé d'une seule chambre jugean
toutes les affaires, civiles et pénales. Elle tient quatre audiences pa
semaine : deux pour les affaires civiles et deux pour les affaires pénales

Les tribunaux de Tunis (Driba) et de Sousse, qui sont les plu
importants, ont chacun, depuis quelques années, deux chambres ave

un président, un vice-président, quelques juges titulaires et deux juges suppléants.

En matière civile, ces tribunaux connaissent *en dernier ressort* des demandes supérieures à trente francs et inférieures à deux cents francs et, *en premier ressort*, de toute demande supérieure à deux cents francs. Ils connaissent aussi *en premier ressort* de toutes les affaires possessoires. Quant au pétitoire, il est de la compétence des tribunaux du *Chara* (statut personnel) et du tribunal mixte foncier de Tunisie.

En matière pénale, ils connaissent *en dernier ressort* des contraventions et délits punissables d'une peine maximum de trois mois de prison et de cent francs d'amende (articles 15 et 17 du décret de 1896) et *en premier ressort* de tous délits dont la peine prévue ne dépasse pas un an de prison. Ces contraventions et délits sont imparfaitement désignés par le décret organique de 1896 et par d'autres décrets, arrêtés, circulaires formant ainsi un ensemble de textes non codifiés et, par suite, manquant de clarté. Le nouveau code pénal qui vient d'être promulgué n'a pas mis de l'ordre dans tous ces textes qui restent en vigueur.

Dans les villes où siège un tribunal de première instance, les affaires de simple police et les demandes civiles inférieures à trente francs, ne sont plus de la compétence du caïd. Elles sont jugées *en référé* par le président du tribunal qui rend ses jugements en dernier ressort. Ces jugements ne sont donc pas susceptibles d'appel, mais d'évocation et de revision.

Devant les tribunaux tunisiens, les justiciables peuvent plaider eux-mêmes leur cause. Ils peuvent, mais n'y sont pas obligés, avoir des mandataires, avocats (plaidant devant tous les tribunaux de Tunisie, tunisiens et français) ou *Oukils* (autorisés après examen à plaider seulement devant les tribunaux tunisiens).

Comme on l'a vu, les jugements rendus par les tribunaux de province sont : 1° en premier et dernier ressort, non susceptibles d'appel mais seulement d'évocation et de revision ; 2° en premier ressort, susceptibles d'appel ; 3° préparatoires.

En matière civile, l'appel est valable dans les deux mois à partir de la date de la signification du jugement ; en matière pénale, il est valable dans les dix jours à partir du prononcé du jugement.

D'après la loi tunisienne, il n'y a pas de jugement par défaut, soit en matière civile, soit en matière pénale. Une sentence de condamnation ou d'acquittement et de déboutement ne peut être rendue que contradictoirement entre les parties et après épuisement de tous les moyens de preuve et de défense. En cas d'absence du défendeur ou de fuite de l'inculpé, l'affaire est classée provisoirement.

Le code de procédure civile qui a été promulgué il y a quelques années a créé le jugement par défaut faute de comparaître, en matière civile seulement : lorsque le défendeur, touché par deux citations, ne comparaît pas, un jugement par défaut peut intervenir. Ce jugement ne peut être frappé *d'opposition*, mais seulement d'appel. C'est une heureuse innovation d'autant plus que l'opposition n'est souvent qu'un moyen d'atermoiement. Mais pour qu'elle donne tous les résultats positifs qu'on attend d'elle, il faut assurer la remise des significations aux parties d'une façon sûre et véridique, ce qui n'est pas le cas actuellement, comme nous le verrons plus loin.

En matière pénale, il n'y a toujours pas de défaut. L'inculpé qui, touché par la convocation, ne se présente pas, est l'objet d'un mandat d'amener. En cas de contumace, l'affaire est classée provisoirement.

§ 1. — Affaires civiles

Les demandes civiles sont introduites par requête du demandeur ou de son mandataire qui doit justifier du paiement de droits de timbre et d'enregistrement énormes. Le président désigne un juge rapporteur. Le greffier mentionne l'affaire sur le rôle du tribunal, lui donne un numéro d'ordre qu'il inscrit sur une chemise spéciale portant toutes les indications nécessaires : noms des parties et de leurs mandataires, s'il y en a, nature de l'affaire, date de la réception, nom du juge commis. Il transmet ensuite le dossier ainsi constitué au juge rapporteur. Ce dernier rédige des citations à comparaître destinées aux parties et les envoie au caïd de leur domicile pour les leur faire parvenir. Ce mode de signification permet toutes les injustices et tous les abus; souvent, soit par négligence, soit par esprit de vengeance, certains cheikhs ne font pas parvenir les citations aux destinataires. Ils les déchirent et en retournent le talon au tribunal. Malgré les mesures de précaution édictées par la direction des services judiciaires, ces abus des agents administratifs continuent. Le mal ne pourra être guéri que par la séparation des pouvoirs, en nommant des huissiers pour assurer sous leur responsabilité les significations et les exécutions de jugements.

Le juge instruit l'affaire, fixe l'audience et convoque les parties à y comparaître.

A l'audience, les parties ou leurs mandataires développent leurs conclusions, le tribunal délibère et rend son jugement sur le siège au nom et par délégation de S. A. le Bey.

Après l'audience, le dossier est retourné au juge rapporteur qui rédige en personne la minute du jugement comprenant les qualités, les motifs et le dispositif, la signe et la fait signer par le président et le juge qui ont siégé avec eux. Ce jugement est enregistré à la Recette des Contributions Diverses.

Si le jugement est en premier ressort, la partie succombante peut en interjeter appel immédiatement et le dossier est alors transmis avec une *copie* de la minute du jugement à la direction des services judiciaires pour être remis à la chambre des appels civils de Tunis. Au cas où il n'y a pas d'appel, la partie gagnante peut se faire délivrer au greffe du tribunal, en payant des droits très élevés, une *grosse* revêtue de la formule exécutoire.

§ 2. — Affaires pénales

En matière pénale, le tribunal est saisi soit par le plaignant lui-même (particulier ou administration publique : forêts, contributions diverses, etc.), soit par les différents officiers de police judiciaire (caïds, gendarmes, commissaires et chefs de poste de police, etc.), soit par la direction des services judiciaires.

Un dossier est constitué pour chaque affaire pénale de la même façon que pour les affaires civiles et transmis pour instruction au juge rapporteur désigné par le président du tribunal.

Instruction. — Le juge convoque les parties et instruit l'affaire. Cette instruction est *secrète* contrairement à la loi musulmane qui oblige le juge à permettre à l'inculpé d'épuiser tous ses moyens de défense.

Aucun texte n'ordonne l'instruction secrète, mais seulement des instructions verbales ou des circulaires. Aussi avons-nous préféré souvent, avec plusieurs de nos collègues, respecter les garanties de la loi tunisienne en permettant à l'avocat de l'inculpé d'assister son client, sans tenir compte des instructions contraires.

L'instruction est en outre insuffisante, défectueuse et entachée de vices.

Expliquons-nous :

1° Supposons que le tribunal a été saisi par le caïd. Ce dernier envoie au tribunal, comme nous l'avons vu précédemment, un dossier très incomplet : une hodja (acte notarié) contenant la déposition du plaignant et quelquefois celles de ses témoins. Cet acte ne contient aucun renseignement utile. Souvent les témoins sont inconnus. Le magistrat convoque plaignant et inculpé qui s'expliquent devant lui et produisent souvent des actes notariés contenant des témoignages. Mais il ne peut lui-même entendre les témoins, il ne peut pas les obliger à comparaître devant lui, car le budget ne prévoit pas d'indemnités pour ces témoins. Dans ces conditions, l'inculpé ne bénéficie d'aucun moyen de défense, car d'une part, l'instruction étant secrète il ne peut se faire assister d'un conseil, et d'autre part, le magistrat n'est pas à même d'entendre lui-même les témoins, de les confronter avec les parties, de se faire enfin une idée nette de l'affaire.

Ainsi le magistrat est mis devant des alternatives délicates : souvent nous n'avons pas hésité à faire venir de loin des témoins dans l'intérêt de la manifestation de la vérité. Nous avons aussi largement usé du système des commissions rogatoires aux caïds ; mais souvent l'exécution de ces commissions laissait à désirer par suite de l'ignorance ou de l'inexpérience de ces agents ou de leurs secrétaires.

Les magistrats renoncent toujours à avoir de l'initiative, car ils sont tellement surmenés qu'ils ne pensent nullement à remplir consciencieusement leur devoir, à faire ce que leurs chefs ne leur demandent pas : pour eux ce qui importe le plus, c'est le nombre d'affaires tranchées.

2° Supposons maintenant que le tribunal a été saisi par un offi-

ier de police judiciaire français dont le procès-verbal est rédigé en
français (gendarme, commissaire, chef de poste ou agent de police,
administration publique, etc). Ce procès-verbal est souvent dressé
d'une façon excluant toute garantie : en effet il est rédigé par un
agent français ne connaissant pas la langue arabe. Tout se passe par
l'intermédiaire d'un interprète de police qui, mal rétribué, ne peut
pas avoir les capacités nécessaires. Au tribunal il est remis, pour traduction, au greffier. Ce fonctionnaire qui souvent sait imparfaitement le français et qui de plus est toujours surchargé de travail, en
fait une traduction incomplète.

Ainsi, avant d'arriver devant le juge, les dépositions et interroga-
toires arabes sont traduits et rédigés en français, puis traduits en
arabe. Des erreurs grossières et des contresens lamentables se
glissent dans ces traductions : on fait avouer à un inculpé les faits
qu'il nie, on fait dire au plaignant et aux témoins des choses qu'ils
ignorent absolument. Et le magistrat désigné pour faire l'instruction
édifie son jugement sur de fausses données. Des injustices abominables sont ainsi commises journellement par suite de la rédaction
et de la traduction de ces procès-verbaux.[1]

Ainsi le juge instruit tant bien que mal, plutôt mal, son affaire,
fixe l'audience à laquelle elle doit être plaidée et convoque les parties à la date fixée.

Il n'a pas le droit de rendre des ordonnances de non lieu : toutes
les affaires doivent être solutionnées par jugement du tribunal,
même lorsque le plaignant reconnaît lui-même qu'il n'a pas de preuve.

[1] Comment y remédier ? Un seul moyen est propre à guérir le mal : restituer
à la langue arabe, langue officielle du peuple et du gouvernement de la Tunisie,
la place qu'elle occupait auparavant. Tous les procès-verbaux doivent être rédigés
par des Tunisiens dans leur langue et, partant sans le secours d'interprètes. C'est
la justice qui le veut, c'est aussi la logique et l'intérêt bien compris de la France,
car c'est un mauvais système que celui qui consiste à pourchasser la langue, à
exclure les Tunisiens de l'administration de leur pays et à les remplacer par des
fonctionnaires français. Il y a un autre remède qui consiste à améliorer le recrutement des interprètes, à augmenter considérablement leur nombre et à les payer
convenablement. Mais ce remède d'une part laisse subsister l'injustice et l'exclusion
des Tunisiens des fonctions publiques et, d'autre part, est difficilement réalisable à
cause des crédits nouveaux qu'il demande.

Il n'a pas non plus le droit de classer une affaire, même lorsqu
l'inculpé est inconnu ou en fuite : un jugement classe l'affaire.

Audience. — Le juge qui a instruit l'affaire siège à l'audience o
cette affaire est appelée et donne son avis pour le jugement à rendr
Cette anomalie, ce cumul de fonctions, le juge d'instruction étant e
même temps juge du siège, sont déplorables à tous les points d
vue. Très souvent, ou plutôt toujours, c'est son avis qui prévau
car ni le président, ni l'autre juge, surchargés de travail, n'ont eu
temps d'examiner les cent et, dans quelques tribunaux, les cent ci
quante affaires qui ont été fixées pour l'audience ; ils ne les ont mên
pas vues, ils s'en rapportent au juge d'instruction.

Les débats sont forcément très écourtés en présence d'un rô
chargé. Les témoins qui n'ont pas été entendus par le juge à l'instru
tion, ne se présentent pas non plus à l'audience pour dire aux magi
trats ce qu'ils ont vu, ce qu'ils ont entendu ou ce qu'ils savent. L
magistrats s'en rapportent à leurs déclarations incomplètes devant l
notaires ou le commissaire, ils ne se font pas par eux-mêmes u
opinion. Les plaidoiries, même si elles apportent un fait nouvea
n'ont aucune influence : on s'en rapporte toujours au dossier. En u
mot l'inculpé ne jouit d'aucune garantie, il est livré pieds et poing
liés à son exécuteur !

Jugement. — Les jugements en dernier ressort sont exécutoir
immédiatement nonobstant une demande en révision. Les jugemen
en premier ressort sont exécutoires immédiatement sauf appe
Après l'audience, le dossier est retourné au juge qui a instruit
siégé au jugement de l'affaire afin de rédiger le jugement qui do
aussi être enregistré à la recette des Contributions diverses, ma
gratuitement. En cas d'appel, le greffier transmet à la direction d
services judiciaires le dossier avec une copie du jugement.

§ 3. — Interventions administratives

Malgré toutes les lacunes, toutes les anomalies que nous avo
dépeintes, les tribunaux de province offriraient aux justiciables u
certaine garantie de sécurité s'il n'y avait pas l'intervention de l'adm

ministration qui vient fausser le cours normal de la justice et commettre les abus les plus intolérables. La justice tunisienne ne forme
pas un département indépendant comme l'enseignement, les finances,
l'agriculture, les postes, les travaux publics, etc. Au contraire, comme
nous l'avons vu, elle dépend de l'administration centrale et est sous
l'autorité de son chef, le secrétaire général du gouvernement tunisien.
De là la confusion des pouvoirs et l'immixtion constante du pouvoir
administratif. Bien entendu nous ne prétendons pas que l'administration intervient effectivement dans *chaque* affaire. Non ! Elle aurait alors
trop à faire et son intervention de cette façon occasionnerait des
retards qu'elle-même ne voudrait pas voir se produire. Mais elle intervient dans *certaines* affaires, comme par exemple celles dans lesquelles
une administration publique est en cause : forêts, contributions diverses,
travaux publics, etc ; celles de presse ; celles qui touchent à la liberté
individuelle ; celles qui touchent de près ou de loin à la colonisation ;
celles où des personnages qu'on craint recommandent des protégés,
etc. Et cette intervention qui fait peser lourdement le poids de l'injustice sur les Tunisiens, ne s'accomplit pas au grand jour, par des réquisitions écrites déposées au dossier, ou verbales, faites par un organe
en audience publique. Elle est occulte, elle se fait dans l'ombre par des
ordres verbaux ou par des notes laconiques et secrètes qui violentent
la conscience des juges.

En principe, pour l'administration, les Tunisiens doivent être
privés de la liberté de penser, de parler, d'écrire, de critiquer ses actes.

Les exemples sont légions, il s'en produit tous les jours. Nous
nous contenterons d'exposer quelques cas typiques dont la procédure et le jugement font, si on peut le dire, *jurisprudence* dans nos
tribunaux.

Il y a quelques années, en juillet 1904, un lettré tunisien avait
émis dans une réunion privée, des opinions juridiques sur le culte
des marabouts (saints) que la loi musulmane interdit. Il fut traduit
devant le tribunal de Tunis (Driba). Le président de ce tribunal, qui
était M. Salah Abbas, était très embarrassé : il voyait qu'il n'y avait
pas là de délit punissable. Il fut appelé chez M. Guyot, Directeur des Services Judiciaires qui faisait alors l'intérim du secrétaire général M. Roy,
en congé en France. « Vous le condamnerez, ordonna-t-il, à deux mois.

de prison en vertu des articles 15 et 17 du décret organique de 1896, pour *outrage* ou *scandale sur la voie publique*. » Le président s'inclina et le lendemain le cheikh Talbi fut condamné *en dernier ressort* à deux mois de prison. On lui fermait la voie de l'appel. Il y eut scandale et l'iniquité de la condamnation fut dénoncée en France mais rien n'y fit... Le cheikh Talbi a été condamné, pour ses opinions, comme un vulgaire malfaiteur !

Il y a quelques années des Tunisiens avaient accompli le pélerinage des lieux saints sans passeports. Généralement l'infraction au décret de 1897 sur les passeports était punie de quelques francs d'amende.

Dans les cas de pélerinage, les contrevenants avaient enfreint la loi pour obéir à un *devoir religieux*. Le tribunal devait donc se montrer moins sévère, mais l'administration ne l'entendait pas ainsi. Le président de la Driba reçut l'ordre de condamner les *pélerins* à un *mois* de prison. Il dut s'exécuter la mort dans l'âme.

Un décret de S. A. le Bey a adopté et promulgué, avec quelques légères modifications, la loi française de 1884 sur la presse. Mais on ne sait en vertu de quel texte le secrétaire général du gouvernement tunisien s'est arrogé le droit de suspendre les *journaux de langue arabe* et de punir administrativement, c'est-à-dire dans l'ombre des bureaux, les journalistes *tunisiens*. Quelquefois les affaires de presse sont déférées aux tribunaux tunisiens de première instance. Dans ce cas, les magistrats n'ont aucune initiative : les jugements sont rédigés par la direction des services judiciaires, approuvés par le secrétaire général et transmis aux tribunaux. Et on voit ainsi à l'audience, après les débats, le président tirant son papier tout préparé et lisant le jugement.

Les chicanes de l'administration en matière de presse sont si mesquines que ses actes versent dans le ridicule. Ainsi un journaliste a été condamné pour délit de presse à six mois de prison en première instance, le jugement a été confirmé en appel. Un de ses confrères critiqua ce jugement. Le secrétaire général du gouvernement tunisien le traduisit devant la chambre correctionnelle du tribunal de Tunis (Driba) pour *propos irrévérencieux envers S. A. le Bey* sous prétexte que l'arrêt de confirmation étant rendu par le souverain, sur la proposition de la chambre d'appel, n'était pas susceptible de critique. Le journaliste eut beau crier qu'il avait émis des idées juridiques sur l'arrêt rendu par une chambre d'appel et qu'il était plein de respect pour son souverain, il fut condamné à la prison!

Et pourtant la loi musulmane qui est la loi du pays autorise tous les citoyens à émettre leurs opinions et à critiquer tous les actes du juge, fût-il le juge suprême. C'est le raisonnement que tint le président de la Driba au moment où on lui déféra l'affaire, mais l'administration donna l'ordre...

Dans les affaires administratives, l'administration doit toujours avoir raison et l'inculpé n'est pas autorisé à se disculper, à administrer la preuve contraire. Il n'a aucun moyen de défense et doit subir des condamnations presque toujours injustes. La direction des forêts surtout, requiert des condamnations à l'amende et aux dommages intérêts hors de proportion avec le délit commis. Le tribunal qui se permettait de réduire ses exigences exorbitantes et cela conformément aux décrets beylicaux dont l'application est requise, était immédiatement rappelé à l'ordre par le secrétaire général avec ordre au président de *se montrer sévère*.

Certaines administrations publiques interprètent la loi d'une façon fantaisiste et la direction des services judiciaires, pour ne pas avoir de conflits, s'incline.

La direction des travaux publics, par exemple, fait dresser par ses agents des procès-verbaux contre des personnes rencontrées *sur la voie publique* munie d'éperviers dont les dimensions des mailles sont inférieures à celles édictées par le décret sur la pêche, ou bien contre des personnes chez lesquelles elle a fait des *perquisitions illicites* suivies de la découverte de tels éperviers. Elle confisque ces engins de pêche et requiert des condamnations pour *tentative de pêche avec un instrument interdit*. Les magistrats ont beau constater que, d'après la loi, *la détention* d'un tel instrument ne constitue pas un délit ni une tentative de pêche, ils reçoivent l'ordre de donner satisfaction à l'administration... et les perquisitions et les confiscations illégales continuent.

Il y a quelques années, les gardiens du pénitencier du Djougar commettaient les actes les plus abominables sur les condamnés; des jeunes gens, affirmait-on, expiraient sous les coups, d'autres étaient enterrés vivants. Il y eut de nombreuses évasions. Les évadés venaien[t] à Tunis se mettre à la disposition de l'autorité, la suppliant de ne pa[s] les renvoyer au Djougar. La population s'émut. La presse qui tra[-] duisit le mécontentement général fut muselée par quelques condam[-] nations. Le service pénitentiaire dépend du secrétaire général d[u] gouvernement tunisien qui est aussi chef de la justice. Ce haut fonc[-] tionnaire donna l'ordre aux juges d'être impitoyables envers le[s] évadés qui furent renvoyés au Djougar avec de nouvelles peines [à] purger dans cet enfer. Un vieux magistrat, jurisconsulte de talent e[t] juge intègre, s'étant permis d'écrire qu'il y avait une circonstanc[e] atténuante pour l'évadé dans les atrocités dénoncées par la rumeu[r] publique, il s'est attiré les foudres de l'administration. Le secrétair[e] général lui en tient rigueur jusqu'à ce jour.

Un agent de la force publique peut tout se permettre, il peu[t] commettre toutes les injustices; l'administration intervient toujour[s] pour faire rendre des jugements en sa faveur. Souvent ces jugement[s] sont rédigés par le directeur des services judiciaires lui-même, traduit[s] et transmis ainsi tout préparés au tribunal qui est obligé de s'exécuter.

Une autre cause des abus administratifs réside dans les démarches faites auprès du secrétaire général ou du directeur des services judi[-] ciaires par des colons influents, des associations de colons, des jour[-] nalistes français, etc., pour recommander l'une des parties dans une affaire devant les tribunaux tunisiens. Et ces démarches ne sont pas désintéressées; au contraire, c'est un trafic d'influence très lucratif!... Et les chefs de la justice préfèrent s'incliner et donner des ordres en conséquence au tribunal compétent que d'encourir la colère de ces personnages qui se traduit par toutes sortes d'intimidations, des cam[-] pagnes de presse honteuses où le mensonge, la mauvaise foi, la calomnie et les pires injures ont libre cours. La vérité est sciemment tra[-] vestie et les magistrats tunisiens sont bafoués de la façon la plus ordurière.

Dans les provinces, certains contrôleurs civils, outrepassant leurs attributions qui sont purement administratives, ne se gênent nulle[-] ment pour s'immiscer dans les affaires pendantes devant les tribunaux tunisiens, recommander une partie au détriment de l'autre, inspirer les jugements contre des administrés qui ne s'inclinent pas devant les injustices administratives.

Ainsi tous les jours il se commet des injustices par suite de l'immixtion administrative dans la justice, conséquence néfaste de la confusion des pouvoirs.

Très peu de magistrats résistent aux ordres illicites et injustes de l'administration qui dispose de leur avenir et qui emploie toutes sortes de pressions pour arriver à ses fins. Les déplacements inopportuns et coûteux viennent frapper les récalcitrants qui sont en outre privés de l'avancement et des congés auxquels ils ont droit. Il y a quelques années, avant le décret de 1909 qui leur a donné un statut, le renvoi et la révocation étaient une menace continuelle pour les magistrats qui faisaient preuve d'indépendance. Ils étaient ainsi obligés de s'incliner et de devenir les instruments de l'oppression administrative qui pèse sur le peuple.

§ 4. — Inspection

Une ou deux fois par an, le directeur des services judiciaires, accompagné d'un interprète, fait des tournées d'inspection dans les tribunaux de province. Ce haut fonctionnaire vérifie les registres et les écritures du greffe du tribunal et donne les renseignements et les ordres qu'il juge utiles. Son seul souci consiste à faire juger sans retard le plus d'affaires possible. Mais il ne s'inquiète ni de la procédure qui a été suivie, ni de la solution que les affaires ont reçues. Pourvu que le nombre des affaires non solutionnées ne soit pas élevé, c'est l'essentiel.

Il examine quelques jugements rendus dans des affaires civiles et pénales, mais ne cherche pas à voir si le jugement a été bien rédigé, s'il est bien motivé. Non, cela importe peu, c'est le dispositif du jugement qui l'intéresse, spécialement dans les affaires pénales. La peine est-elle sévère, il est content, sinon les reproches pleuvent sur le président et les juges.

Sa mission consiste aussi à inspirer les jugements dans les affaires qui intéressent l'administration en général. Il invite les magistrats à le consulter pour chaque affaire. D'ailleurs il n'hésite pas à faire venir à Tunis les présidents des tribunaux pour leur donner des instructions verbales dans certaines affaires.

Accomplie de cette façon, l'inspection des tribunaux n'est pas utile; au contraire elle est nuisible à la justice et aux justiciables.

Pourtant nous sommes de ceux qui sont convaincus qu'une inspection *sérieuse* faite dans l'intérêt de la justice donnerait des résultats probants. L'inspecteur, juriste compétent et *pénétré* du but de sa mission permettrait au gouvernement, s'il voulait vraiment améliorer le fonctionnement de la justice, de combler les lacunes existantes.

CHAPITRE IV

Tribunal de l'Ouzara

Le tribunal de l'Ouzara comprend actuellement trois chambres :

1° *La chambre criminelle*, dont la compétence s'étend à tous les crimes commis en Tunisie entre Tunisiens.

2° *La chambre des appels correctionnels* qui connait de tous les appels des jugements rendus en première instance par les tribunaux de province en matière pénale, ainsi que des affaires pénales jugées en dernier ressort par les caïds et les tribunaux de province et évoquées par le Premier Ministre en vertu de l'article 39 du décret du 18 mars 1896.

3° *La chambre civile* qui connait de tous les appels des jugements rendus en première instance par les tribunaux de province en matière civile. Cette chambre examine aussi les affaires civiles jugées en dernier ressort par les caïds et les tribunaux de province et évoquées par le Premier Ministre en vertu de l'article 39 susindiqué.

Chaque chambre est composée d'un président, de deux juges et d'un ou deux juges suppléants. Ils sont nommés par arrêtés du secrétaire général du gouvernement tunisien.

Il n'y a pas de *parquet* près ces chambres. Le rôle du ministère public est joué par le directeur des services judiciaires et le secrétaire général du gouvernement tunisien dans leurs bureaux et non pas à l'audience publique, comme nous le verrons.

Nous avons dit que le *greffe* de l'Ouzara fait partie du service du cabinet du directeur des services judiciaires. Cet office est rempli par un secrétaire et quelques surnuméraires ou stagiaires. Leurs fonctions consistent à remettre aux parties et à leurs mandataires les dossiers pour les consulter, à leur délivrer les grosses des jugements civils, ou des copies d'actes ou de jugements, à conserver en ordre les archives Le greffier n'assiste pas aux audiences des chambres. Son rôle est rempli par le président de chaque chambre qui fait l'appel des causes et mentionne sur le dossier les déclarations des parties et de leurs mandataires.

Chaque chambre est composée, lorsqu'elle siège, de trois magistrats dont l'un est président. Mais aucune d'elles ne rend de jugements sur le siège au nom de S. A. le Bey comme les tribunaux de province. Juridiquement on ne peut appeler ces chambres des tribunaux, car *elles ne jugent pas :* après les débats, les affaires sont mises *en délibéré* et les juges qui ne sont que de simples secrétaires préparent *des projets de sentence.* L'administration les modifie comme elle l'entend et les soumet ensuite à la signature de S. A. le Bey qui, par la formalité de l'apposition de son sceau, convertit le projet en sentence définitive ou *maàroud.* Ces maàrouds ne sont pas lus en audience publique, les membres des Chambres n'ayant pas à donner lecture de jugements qu'ils n'ont pas rendus et dont ils n'assument pas la responsabilité. C'est au greffe que les parties doivent s'adresser pour savoir si leur affaire a reçu une solution. C'est ce que l'on appelle la *justice retenue* par opposition à la *justice déléguée* des tribunaux de province.

En vertu de ce principe de la justice retenue, c'est S. A. le Bey qui est censé juger. Et pourtant le souverain est dans l'impossibilité matérielle de le faire. Son privilège passe forcément aux fonctionnaires de l'administration. C'est à la direction des services judiciaires que se font la réception des affaires, les informations et la préparation des projets de sentence auxquels le souverain donne la force exécutoire par l'apposition de son sceau. C'est au secrétariat général du gouvernement tunisien que tout ce travail préparatoire se concentre. Le projet de sentence, même modifié par le directeur des services judiciaires et revêtu de son visa, peut être encore *remanié* par son chef, le secrétaire général.

Ce haut fonctionnaire, agissant soit en son nom, soit au nom du Premier Ministre, peut évoquer une affaire, la faire instruire, lui donner telle orientation en dehors de la direction des services judiciaires et même en dehors des parties. C'est ainsi, par exemple, que les affaires de faux en écriture authentique (qualifiés crimes) ne sont pas instruites par le service de l'instruction de la direction des services judiciaires, mais par la *Section d'État*, branche administrative du secrétariat général du gouvernement tunisien dont nous avons défini le rôle. Ce service procède à une information absolument occulte : ni le demandeur, ni la partie accusée *d'usage de faux*, ni les avocats ne sont admis à faire valoir leurs moyens. Après cette enquête mystérieuse, la section d'État envoie le dossier à la direction des services judiciaires avec avis que l'acte incriminé a été soumis à S. A. le Bey qui l'a reconnu faux et a ordonné sa saisie ou qui l'a jugé authentique. Et la chambre criminelle doit se conformer à cet avis et, sans avoir vu l'acte déclaré faux, proposer à S. A. la condamnation de celui qui en a fait usage. Elle doit s'y conformer et proposer l'acquittement, même si elle a la conviction que l'acte déclaré authentique est faux !

Comme on le voit, il n'y a ni magistrats, ni justice. C'est l'administration qui agit seule, accomplit tout, fait endosser à S. A. le Bey la responsabilité de son arbitraire et de son gâchis. A toute critique elle répond : « C'est le souverain qui juge. Ce sont ses prérogatives qu'il exerce et que nous respectons. » Et elle sévit, elle condamne à la prison ceux qui osent critiquer les injustices qu'elle commet et qu'elle attribue au souverain.

Souvent les magistrats des Chambres de l'Ouzara, juristes expérimentés jugent sainement ; souvent aussi l'administration commet sciemment ou par ignorance, malentendu ou partis-pris, des injustices flagrantes, des dénis de justice, des violations de la loi par les changements qu'elle apporte dans les projets de sentence préparés par les magistrats. Cette façon de rendre la justice supprime toute responsabilité : des chefs de bureaux et même de petits fonctionnaires corrompus interviennent impunément dans l'élaboration des jugements en dehors des juges.

Nous avons eu en mains des affaires en révision : les projets de sentence qui ont été préparés par les magistrats et qui faisaient une saine application de la loi ont été laissés de côté et remplacés par d'autres préparés par des fonctionnaires et faisant une fausse application de la loi : il ont été soumis à la signature de S. A. le Bey et exécutés !

Nous ne nous étendrons pas sur les cas d'injustices que nous avons constatés nous-mêmes, sur les horreurs sans nom dont nous avons été témoins. Nous n'oublierons jamais les violations de la loi que nous avons constatées dans des jugements civils remaniés par les fonctionnaires et dont la révision a été demandée par le Ministère des affaires étrangères français. L'injustice commise *sciemment* par l'administration dans une de ces affaires, affaire possessoire, a été la cause de quatre meurtres commis au moment de l'exécution de la sentence sur les lieux.

La conscience se révolte devant cette immixtion néfaste des agents administratifs dans le pouvoir judiciaire.

Maintenant notons une grave anomalie dans le fonctionnement des Chambres d'appel de l'Ouzara. Nous avons dit que les tribunaux de province jouissent de la *justice déléguée :* les juges prononcent eux-mêmes leurs jugements sur le siège immédiatement après les débats. Ils sont ainsi responsables de leurs jugements : c'est une garantie donnée aux justiciables. Or les jugements de ces tribunaux frappés d'appel sont déférés à l'Ouzara et soumis ainsi à la *justice retenue :* il n'y a donc plus de garantie pour les justiciables. Ces derniers qui étaient devant des juges réels sont maintenant devant des juges qui ne jugent pas ; leurs affaires, de judiciaires deviennent administratives. Les juges ont jugé sainement, l'administration n'a aucun scrupule pour annuler les sentences qui lui déplaisent. Et c'est là un nouvel argument qui plaide contre le maintien de la justice retenue de l'Ouzara.

Notons encore un inconvénient grave de la justice retenue : le retard dans la solution des affaires. Nous avons dit qu'après les débats, l'affaire est mise en délibéré. Or il arrive souvent que des mois ou même des années passaient sans que le maâroud ou jugement définitif paraisse au greffe. Les justiciables se plaignent, la presse accuse les magistrats de ce retard alors qu'ils n'y sont pour rien, car généralement le projet de sentence est préparé immédiatement après l'audience, mais le dossier fait des voyages entre les différents bureaux de la Direction des services judiciaires et du Secrétariat général. Directeur, Secrétaire général, Premier Ministre le gardent un certain temps, le retournent à la Chambre pour modification dans le projet de sentence, le reprennent, le retournent encore !

§ 1. — Chambre criminelle

Cette chambre est saisie de chaque affaire criminelle par une ordonnance du directeur des services judiciaires après une information faite par le service de l'instruction de la direction. Le président répartit les affaires entre les juges et inscrit sur la chemise de chaque dossier le nom du juge qu'il désigne pour *rapporter* sur l'affaire.

Instruction

Lorsqu'un crime est commis, le caïd du lieu, mis au courant par ses agents ou les plaignants, en informe par télégramme le ministère, c'est-à-dire les services dépendant du secrétaire général du gouvernement tunisien. Ce fonctionnaire transmet le télégramme à son subordonné, le directeur des services judiciaires, qui le passe au bureau pénal. Ce bureau inscrit l'affaire sur le rôle, lui donne un numéro d'ordre et confectionne un dossier. Ensuite le directeur rend une *ordonnance* d'information.

Information des officiers de police judiciaire. — Pendant ce temps le caïd, officier de police judiciaire, procède à l'enquête. Nous avons vu de quelle façon les enquêtes sont menées par le caïd. Aucune garantie ne défend le justiciable contre l'arbitraire de ce fonctionnaire, aucune loi ne vient déterminer et limiter ses pouvoirs. Agent de l'administration, il n'a aucun respect pour la liberté individuelle et pour les droits de la défense. Mais les pouvoirs du caïd deviennent une vraie calamité lorsqu'il n'est pas consciencieux. Certains caïds voient dans les affaires qu'il ont à instruire l'occasion de réaliser des bénéfices importants ; ils n'hésitent pas à impliquer dans des affaires criminelles des personnes honnêtes et paisibles et à procéder à leur arrestation pour les libérer ensuite moyennant remise de sommes parfois très élevées. Généralement les noms de ces personnes accusées à tort ne figurent pas dans l'enquête du caïd. Il les absout lui-même ! Souvent le caïd, absorbé par ses attributions multiples, se décharge sur ses secrétaires. Ces derniers, recrutés et payés par le caïd sans aucun contrôle de l'Etat, sont en maints endroits ou ignorants, ou inexpérimentés ou de moralité douteuse. Ils procèdent ainsi directement aux opérations les plus délicates et soumettent à leur chef des rapports qu'il signe sans aucun scrupule.

L'instruction *secrète* favorise encore les abus les plus révoltants et livre le justiciable à l'arbitraire du caïd : l'inculpé est mis au secret durant toute l'information ; ni ses parents, ni son conseil n'ont le droit de communiquer avec lui ou de l'assister. Aucun texte de loi, comme nous l'avons dit, n'ordonne cette procédure ; elle est de plus illégale, car elle est contraire à la loi musulmane.

On voit dans quelles conditions déplorables les enquêtes judiciaires sont menées. Elles sont faites par des agents sans instruction, sans expérience et souvent sans moralité, n'ayant ni la notion exacte de leurs obligations, ni une conception nette de la justice et de l'équité, ni le sentiment de leur responsabilité. Aussi, en dehors des abus, des actes d'arbitraire qui sont commis journellement soit par le caïd malhonnête, soit par son entourage peu scrupuleux, l'instruction des affaires se ressent-elle de l'incapacité et de la vénalité de ces auxiliaires de la justice. Tous les *hodjas* ou procès-verbaux d'enquête sont diffus, vagues, imprécis, ils manquent d'ordre, de méthode, de clarté ; des points capitaux sont quelquefois omis, des détails essentiels négligés ; les témoignages ne sont pas contrôlés, les alibis ne sont pas vérifiés, l'heure du crime n'est pas indiquée !

On peut affirmer qu'un très grand nombre d'affaires criminelles se terminent par des acquittements et que les crimes restent ainsi impunis par suite des informations défectueuses et incomplètes fournies par les caïds. Certains de ces agents s'arrogent le droit de trancher eux-mêmes les affaires criminelles sans informer la justice. Une affaire d'assassinat a transpiré jusqu'à Tunis. Le caïd invité à envoyer son enquête a répondu *officiellement* qu'il avait tranché l'affaire. Il était de bonne foi parce qu'il était illettré !

Le caïd met trois, quatre et quelquefois six mois pour envoyer à la direction des services judiciaires son enquête qui consiste en un ou deux *hodjas* (acte de preuve notarié) aussi incomplets, aussi insignifiants qu'on peut imaginer. Il dirige aussi sur Tunisle ou les inculpés.

Le transfert des prévenus s'effectue d'une façon indigne d'une administration qui se respecte. Des centaines de prévenus, parmi lesquels des innocents, sont envoyés enchaînés par groupes de deux ou quatre de tous les points de la Régence à Tunis, où ils doivent comparaître devant leurs juges. On voit ainsi ces convois lamentables, hommes, femmes, enfants, vieillards, véritables troupeaux humains, faire des centaines de kilomètres à pied pour arriver à la capitale mourant de fatigue et de faim. Pourquoi ce traitement inhumain ?

Parce que le budget de la justice tunisienne ne prévoit que 4.000 francs pour les frais de justice criminelle : constatations médicales, transfert de prévenus, indemnités aux témoins, etc. Cette somme n'est même pas suffisante pour payer les honoraires des médecins français de colonisation qui font les constatations médicales [1]. Pour les autres dépenses, on s'arrange à ne pas les faire ! Et cependant la justice française en Tunisie, dont le nombre des justiciables est restreint, dispose pour ces frais d'un crédit considérable.

Information du service de l'instruction de la direction des services judiciaires. — Enfin enquête et prévenu arrivent à la direction des services judiciaires. Le bureau pénal transmet le dossier ainsi constitué et l'ordonnance d'information rendue par le directeur, au service de l'instruction. Le chef de ce service désigne un des quatre secrétaires qu'il a sous ses ordres pour procéder à l'information de l'affaire. Ces agents n'ont ni le titre ni les pouvoirs du juge d'instruction : le vrai juge d'instruction est le directeur des services judi-

[1] Et le Gouvernement s'alarme de l'exagération de ces dépenses. Par une circulaire en date du 18 février 1905, il recommande aux officiers de police judiciaire de faire payer les frais des expertises médico-légales par... la victime « L'attention du Gouvernement tunisien, dit-il, est attirée, depuis quelques mois notamment, sur l'exagération des dépenses engagées à l'occasion des expertises médico-légales. Cette exagération a pour résultat d'imposer une charge très lourde au budget. Pour y remédier, je vous rappelle les règles que vous devrez suivre lorsqu'il y aura lieu de faire appel au concours des médecins légistes. Vous n'ignorez pas que, devant la Justice tunisienne, les poursuites sont le plus souvent exercées à la requête des parties lésées ; *c'est donc à elles qu'il appartient de produire à leurs frais les certificats médicaux qu'elles jugent utiles à la manifestation de la vérité ;* elles ne sont dispensées de cette obligation qu'en cas d'indigence dûment constatée. »

ciaires qui ordonne toutes les mesures qu'il juge utiles : arrestation, mise en liberté provisoire, supplément d'enquête, etc. ; en cas d'insuffisance de preuve, c'est lui qui signe l'ordonnance de non lieu ; en cas de fuite de l'inculpé, c'est encore lui qui signe l'ordonnance de classement, etc.

Que fait le secrétaire du service de l'instruction ? Il fait comparaître plaignant et inculpé et enregistre leurs déclarations. C'est tout ! Ni comparution des témoins, ni confrontation, ni transport sur les lieux, ni reconstitution : tout cela est superflu ! C'est toujours le système des *hodjas*, système intolérable, source de toutes les injustices. Cet acte dressé par deux notaires contient la déposition du plaignant et celle de ses témoins. Si le prévenu est en mesure de récuser ces témoins par des motifs sérieux, l'inimitié qui existe entre eux et lui, la parenté avec son adversaire, et de prouver les faits qu'il allègue par témoins, il peut échapper à l'accusation. Mais s'il déclare simplement ne pas connaître les témoins, il est tenu pour coupable : il est inutile de faire comparaître ces témoins et de les confronter avec l'accusé ! Parfois on demande au caïd un supplément d'enquête ; il procède alors en dehors de la présence du prévenu. Que peut ce dernier contre les dépositions de témoins qu'il ne voit pas ou contre les affirmations du caïd tout puissant ? Il n'a même pas le droit de se faire assister d'un défenseur, car l'instruction, nous l'avons dit, est rigoureusement occulte.

Parfois les pièces du dossier remis au secrétaire de l'instruction sont dressées par des officiers de police judiciaire français (gendarmes, commissaires de police, etc.). On en fait une traduction incomplète, parfois inexacte, et ainsi il se produit des erreurs lamentables. De même les certificats des médecins constatant des blessures, la mort, l'état de santé des parties sont aussi incomplètement traduits.

Après avoir terminé l'information aussi sommaire qu'imparfaite que nous avons décrite, le secrétaire rédige l'*exposé* de l'affaire. Il rédige aussi un *avis*, qui doit rester *secret*, sur la solution à donner à l'affaire. Ensuite l'affaire est soumise au directeur des services judiciaires qui rend une ordonnance :

1° soit de non-lieu ;

2° soit de classement ;

3° soit de renvoi devant un tribunal de province si l'affair[e]
est correctionnalisée;

4° soit de renvoi devant la chambre criminelle de l'Ouzar[a]

Dans ce dernier cas le dossier est remis au bureau pénal. Le che[f]
de ce bureau retire du dossier *l'avis secret* de l'instruction. L'affair[e]
est ensuite fixée à une des audiences de la chambre criminelle et l[e]
dossier mis à la disposition des parties et de leurs mandataires a[u]
greffe de l'Ouzara.

Audience de la chambre criminelle

La chambre siège, comme nous l'avons dit, avec trois magistrat[s]
dont l'un est président. Ce dernier fait l'appel des causes et men[-]
tionne sur le dossier les déclarations des parties : le greffier n'assist[e]
pas à l'audience. Un interprète traduit les plaidoiries des avocat[s]
européens, s'il y en a.

Inculpé et plaignant comparaissent. Ils sont interrogés très som[-]
mairement par le président. Mais les témoins, de même qu'ils n'on[t]
pas comparu à l'instruction, ne comparaissent pas à l'audience. O[n]
se contente de leurs dépositions devant le caïd, les notaires, le com[-]
missaire de police ou le gendarme ! L'inculpé n'a ainsi aucun moye[n]
de défense. Souvent il ne connaît pas les témoins. Quelquefois ce[s]
derniers n'existent pas : ils ont été inventés avec les complicité[s]
administratives. Enfin les avocats plaident, d'ailleurs inutilement, ca[r]
ils ne le font pas devant les magistrats qui jugeront l'affaire. Ceu[x]
qui sont là ne sont que des figurants : ils siègent mais ne jugent pas[.]

Enfin l'affaire est bâclée ! Nous avons siégé dans des audience[s]
de trois heures au cours desquelles la chambre criminelle a procéd[é]
aux débats de plus de *vingt* affaires criminelles. C'est le record de[s]
tribunaux du monde entier !

Les débats terminés, l'affaire est mise *en délibéré*.

Jugement

Le juge ou plus exactement le membre rapporteur au nom d[e]
qui l'affaire a été inscrite, prépare le *projet de sentence* suivant l'avi[s]
de la majorité. Autrefois le dossier était remis au bureau péna[l]
avec ce projet de sentence. Le chef de ce bureau soumettait le proje[t]

au directeur des services judiciaires. Aujourd'hui le président de la chambre soumet lui-même le projet au directeur. Ce fonctionnaire de l'administration générale — ne l'oublions pas, car c'est de là que vient tout le mal de la confusion des pouvoirs — qui a rempli dans l'affaire le rôle d'*accusateur*, de *juge d'instruction*, comme nous l'avons vu, va encore remplir celui de *juge*. Il compare le projet de sentence avec l'avis secret de l'instruction qu'il a dirigée, il le modifie comme il le juge bon et comme l'entend son supérieur, le secrétaire général du gouvernement tunisien. Ces deux fonctionnaires, qui n'ont pas vu les parties, qui n'ont pas assisté aux débats, qui ne connaissent du dossier que ce qu'on leur a traduit sommairement, les pièces étant écrites en arabe, n'hésitent pas à ne tenir aucun compte de l'avis de ceux qui ont étudié l'affaire. Ils remplacent quelquefois le projet de sentence de la chambre par un projet diamétralement opposé qu'ils rédigent eux-mêmes. Les membres de la chambre sont obligés de s'incliner devant leurs supérieurs : simples secrétaires, ils se contentent d'exprimer par écrit un avis qui ne lie en aucune façon l'administration.

Le projet de sentence, visé par le directeur des services judiciaires et approuvé par le secrétaire général du gouvernement tunisien, est recopié dans une colonne spéciale en marge de l'exposé de l'affaire. Il est ensuite soumis à S. A. le Bey qui appose son sceau sous la formule : « Nous en avons ainsi décidé » écrite en marge et au bas du projet de sentence. Ce dernier est, par cette formalité, converti en *maároud* ou jugement définitif et exécutoire.

§ 2. — Chambre des appels correctionnels

Composée de trois membres, dont l'un est président, elle fonctionne de la même façon que la chambre criminelle. Elle connait de tous les appels des jugements rendus en premier ressort par les tribunaux de province en matière pénale. Elle examine aussi les jugements rendus en dernier ressort par ces tribunaux ou les Caïds et dont les affaires ont été évoquées en vertu de l'article 39 du décret du 18 mars 1896.

Le tribunal de province qui a rendu le jugement frappé d'appel envoie le dossier de l'affaire avec une copie du jugement à la direction des services judiciaires. Le bureau pénal de cette direction inscrit l'affaire sur le rôle des appels correctionnels, lui donne un numéro d'ordre, la fixe à une des audiences de la chambre et transmet le dossier au greffe pour être mis à la disposition des parties.

A l'audience, dont le rôle contient quelquefois cinquante et soixante affaires, les parties comparaissent et produisent leurs moyens. C'est tout : ni suppléments d'enquêtes, ni comparutions de témoins, ni confrontation ! L'affaire est mise en délibéré.

Ensuite la chambre prépare le projet de sentence confirmant ou infirmant le jugement frappé d'appel. Son président soumet ce projet au directeur des services judiciaires qui le modifie comme il le juge bon. Le secrétaire général du gouvernement tunisien en fait de même. Enfin le projet de sentence, visé par ces fonctionnaires, est recopié en marge de l'exposé de l'affaire. Il est ensuite soumis à S. A. le Bey qui le rend définitif par l'apposition de son sceau.

§ 3. — Chambre civile

Elle connait de tous les appels des jugements rendus en premier ressort par les tribunaux de province en matière civile. Elle examine également les jugements civils non susceptibles d'appel et dont les affaires ont été évoquées en vertu de l'article 39 du décret du 18 mars 1896 susvisé.

Elle procède de la même façon que la chambre criminelle et celle des appels correctionnels. Après les débats, l'affaire est mise en délibéré. Le projet de sentence préparé par la chambre est soumis par le président au directeur des services judiciaires qui le modifie comme il l'entend. Le secrétaire général à son tour y apporte les modifications qu'il juge bon de faire. Le projet de sentence, ainsi préparé par l'administration, devient définitif et exécutoire par la formalité de l'apposition du sceau de S. A. le Bey. Le maâroud ou jugement définitif est transmis au greffe où les parties doivent s'adresser pour en connaitre la teneur. La partie gagnante peut obtenir une *grosse* exécutoire du jugement moyennant des frais assez élevés.

CHAPITRE V
Evocation et révision

L'article 39 du décret du 18 mars 1896 dont nous avons parlé précédemment dit « que le Premier Ministre peut toujours *évoquer* d'office, devant le tribunal de l'Ouzara, toute affaire en cours d'instance de la compétence des tribunaux de province ; qu'il peut déférer à l'Ouzara pour incompétence, abus de pouvoir, fausse application ou violation de la loi, ou encore pour erreur manifeste, tout jugement des mêmes tribunaux, même s'il est passé en force de chose jugée ou a été exécuté. »

Ainsi les affaires en cours d'instance devant les tribunaux de province et les jugements rendus par ces derniers peuvent être évoqués devant le tribunal de l'Ouzara. La jurisprudence a étendu l'application de cet article aux jugements en dernier ressort des Caïds. Enfin le code de procédure civile promulgué dernièrement réglemente la demande *en révision* des jugements définitifs. La revision s'applique aux jugements de l'Ouzara.

L'évocation est décidée par le directeur des services judiciaires ou le secrétaire général du gouvernement tunisien dans l'intérêt de... l'administration.

La demande en revision est soumise à une commission composée du Ministre de la Plume comme président, du directeur des services judiciaires et d'un président de chambre de l'Ouzara. Elle statue à huis clos, en dehors des parties, sans débats. Le dossier et les mémoires des parties sont remises à cette commission qui rend sa décision. En réalité, c'est le directeur des services judiciaires qui fait tout. Il charge un interprète de lui faire une traduction analytique des pièces de l'affaire et statue. La commission approuve. Et comme c'est le directeur qui a jugé, généralement il oppose une fin de non-recevoir à la requête de revision, car il est pénible de se déjuger. Au cas où la révision est admise, l'affaire est renvoyée devant l'une des chambres de l'Ouzara qui procède à de nouveaux débats et rédige un projet de sentence conforme à l'avis du directeur.

CHAPITRE VI

Exécution des jugements

§ 1. — Jugements tunisiens

Les jugements rendus en matière civile par les tribunaux tusiens sont exécutés, dans les provinces par les Caïds et, à Tunis, p
le Cheikh Médina ou président de la municipalité de Tunis qui
certaines attributions des caïds.

Le caïd exécute les jugements rendus par lui ainsi que ceux d
tribunaux religieux et des tribunaux séculiers dont les grosses exéc
toires lui sont confiées par les justiciables. Ses pouvoirs sont illimités.
exerce la contrainte par corps, comme il l'entend, en matière civ
et commerciale, alors que ce moyen d'exécution a été aboli parto
dans les pays musulmans et en particulier en Turquie et en Egyp

En cas d'incident, il doit en référer au directeur des services ju
ciaires. Un bureau dit « bureau des exécutions des jugements tu
siens » créé il y a quelques années à la direction des services judiciai
s'occupe spécialement de surveiller et de guider les caïds.

Et l'on voit ainsi le directeur des services judiciaires qui a partici
au jugement des affaires soumises à la chambre civile de l'Ouza
en assumer aussi l'exécution ; il tranche administrativement, da
son bureau, en dehors des parties, toutes les questions, tous les in
dents soulevés au cours de l'exécution des jugements. Le justicial
n'a ainsi à attendre aucune garantie d'un système caractérisé par
confusion des pouvoirs et l'absence de texte.

Il arrive souvent que le dispositif du jugement de l'Ouzara
confus, obscur, sujet à diverses interprétations. Le caïd demande alc
à la direction des services judiciaires des renseignements comp
mentaires. Il est arrivé que l'*interprétation* donnée par les burea
de la direction était diamétralement opposée au dispositif du ju
ment. Des falsifications épouvantables ont été ainsi *impunément* co
mises par les fonctionnaires de l'administration.

Une fois l'exécution terminée, le caïd remet au bénéficiaire
jugement le montant des condamnations et des frais et porte sur

grosse mention de l'exécution totale ou partielle. En cas de contestation entre bénéficiaires d'un jugement, de saisie de la somme par des créanciers des bénéficiaires, de répartitions judiciaires, etc. le caïd envoie la somme obtenue par l'exécution au directeur des services judiciaires. Il y avait une caisse à la direction, tenue par le directeur. Mais aucun contrôle n'y était exercé jusqu'au jour où l'on s'aperçut que le caissier français qui en tenait la comptabilité d'après un système primitif, avait réussi à détourner une centaine de mille francs. Il fut simplement révoqué et expédié en France! La somme manquante a été restituée par... les petits fonctionnaires de la justice: elle fut en effet prélevée sur les crédits destinés à leur avancement. D'autre part le directeur déposait les sommes transmises par les caïds, dans une banque, en son nom, et en touchait les intérêts: c'était ses petits profits à côté des grands! Les dépôts s'élevaient annuellement à plusieurs centaines de mille francs. Et le directeur n'était jamais pressé de procéder à la répartition: des années se passaient qui venaient augmenter les intérêts! Voici du reste un fait qui illustrera ce que nous venons de dire. Une riche succession avait de nombreux créanciers. Les sommes recueillies à la direction étaient très importantes. Après des années d'atermoiements on procéda à la répartition. Un avocat français, personnage politique influent, se présenta pour toucher la part de son client. On la lui remit, mais sans les intérêts. Il protesta contre ce procédé illégal: on finit par lui remettre les intérêts intégralement. Un petit avocat se présenta au nom d'un autre client et malgré ses protestations il n'obtint pas les intérêts. Le même jour il dévoila le procédé dans un journal. La résidence demanda des explications: le secrétaire général et le directeur durent reconnaître les faits... A partir de ce jour les petits bénéfices du directeur furent supprimés et l'argent envoyé par les caïds est déposé à la recette générale des finances où les bénificiaires peuvent le retirer en vertu d'un ordre écrit.

§ 2. — Jugements français

En juin 1901 un décret décide que « tout justiciable des tribunaux français qui aura obtenu de cette juridiction un jugement contre un Tunisien non protégé d'une puissance européenne, pourra demander à l'administration tunisienne d'en poursuivre l'exécution *par les moyens dont elle dispose*, sauf la saisie immobilière, soit qu'une tentative d'exécution par les voies ordinaires ait été infructueuse soit même avant toute tentative d'exécution » (art. 1).

Ainsi un justiciable des tribunaux français, un Européen en général, n'ayant pas pu exécuter son jugement suivant la procédure française qui est la garantie du défendeur, peut demander à l'administration et à ses agents les caïds, d'en poursuivre l'exécution « par les moyens dont elle dispose ». Quels sont ces moyens ? L'arbitraire administratif, l'emprisonnement !

Mais il n'y a pas de réciprocité : le Tunisien porteur d'un jugement contre un Européen ne peut le faire exécuter par l'administration tunisienne.

Le décret de 1901 outre qu'il crée une odieuse inégalité de traitement entre Tunisiens et Européens, constitue une dérogation au droit commun et une atteinte à la loi française. En Tunisie tout procès où un Européen est en cause est de la compétence des tribunaux français. Le Tunisien, demandeur ou défendeur contre un Européen, est soumis à la loi française avec toutes ses conséquences, dans la forme et suivant les modes prévus et déterminés par les codes français. Dès lors on ne comprend pas qu'au cours de la procédure le Tunisien soit privé du bénéfice de la loi française et tenu de se soumettre à un code d'exécution *contraire* à la législation en vertu de laquelle le jugement a été rendu. Ainsi la contrainte par corps en matière civile, commerciale et contre les étrangers a été abolie en France dès 1867 et les jugements ne peuvent plus entraîner l'emprisonnement du débiteur condamné. Or l'administration exerce en Tunisie la contrainte par corps contre les Tunisiens. Le décret de 1901 en mettant la contrainte par corps à la disposition des étrangers contre les Tunisiens, fait revivre une institution abolie par la loi française. Et l'administration en use et en abuse. Les circulaires envoyées aux caïds à ce sujet sont on ne peut plus rigoureuses. A Tunis des ouvriers, soutiens de nombreuses familles et pouvant à peine nourrir leurs femmes et leurs enfants, sont obligés de payer leurs dettes par acomptes. Au premier retard ils sont jetés en prison pour au moins dix jours pendant lesquels leurs familles souffrent de la faim. On les relâche, puis on les emprisonne de nouveau et ainsi de suite. En un mot, c'est la porte ouverte aux abus et à l'arbitraire. Pour éviter les rigueurs de l'administration, l'emprisonnement et le scandale, les parents du débiteur insolvable, quelquefois ses amis, ses voisins n'hésitent pas à faire des sacrifices et à payer pour lui. Cela n'empêche pas l'administration de dire dans ses rapports que la contrainte par corps « n'est la plupart du temps employée qu'à titre comminatoire ».

Cette législation d'exception prive le Tunisien des garanties de la loi française et le livre sans défense à l'arbitraire de l'administration. Elle fait revivre la confusion des pouvoirs abolie par la loi française en faisant intervenir le pouvoir administratif dans un domaine exclusivement réservé au pouvoir judiciaire. Ainsi, en cas d'incident soulevé en cours d'exécution d'un jugement français, le caïd doit en référer « à l'administration seule ». Le « bureau des exécutions des jugements français » créé à la direction des services judiciaires pour s'occuper de ces exécutions, soumet l'incident au directeur qui l'examine et décide souverainement, dans son bureau, de passer outre à l'exécution. Alors que la loi de procédure française soustrait aux agents d'exécution l'examen des incidents dont la solution appartient aux tribunaux exclusivement, le décret de 1901 autorise l'administration à rejeter *de plano* les moyens qu'on lui oppose et à empêcher les défendeurs tunisiens de soumettre leurs exceptions à la juridiction compétente.

On ne peut même pas soutenir que le décret de 1901 est conforme au droit international qui soumet l'exécution des jugements en pays étrangers à la loi territoriale de ce pays, car en Tunisie nous avons une organisation judiciaire française *complète*, avec ses organes propres, ses magistrats, ses codes et ses *agents d'exécution*.

En outre ce décret lèse les intérêts des Tunisiens en leur faisant supporter les frais de deux procédures et les met ainsi dans une situation manifestement inférieure à celle dont jouissent les européens ou les protégés européens : le Tunisien chez lui en est à envier le traitement de la nation la moins favorisée !

Une législation qui est *illégale* et qui aboutit à des résultats aussi injustes, doit disparaître pour faire place au droit commun.

SECTION II

Des juges

Ainsi que nous l'avons vu, les magistrats tunisiens et spécialement ceux des tribunaux de province, dont le nombre est très restreint, ont une tâche écrasante : ils sont constamment surmenés. Ils sont à la fois greffiers, juges d'instruction et juges de siège : ils convoquent les parties par des citations qu'ils rédigent eux-mêmes, ils instruisent les affaires, siègent pour les juger et rédigent eux-mêmes les jugements. En outre, le nombre des affaires qui sont soumises à ces magistrats est considérable. D'après les statistiques officielles, le tribunal de première instance de Tunis (Driba) a eu à solutionner dans les dernières années de 10 à 12.000 affaires civiles et pénales par an ; les tribunaux de Sousse et du Kef, de 6 à 8000 affaires ; les tribunaux de Kairouan, Sfax, Gafsa, Gabès, de 3 à 4000 affaires par an. Est-il besoin d'ajouter que le travail surhumain qu'on leur impose n'est pas exigé d'eux dans l'intérêt de la justice et des justiciables. Il est d'intérêt budgétaire !

Et ces magistrats, dont la tâche est si difficile, si délicate et si considérable, trouvent-ils une compensation dans les traitements qu'ils touchent ? Aucunement. Un décret est venu, en 1909, régler le statut des magistrats tunisiens. En vertu de ce décret, les juges suppléants dans les tribunaux de province débutent à 1800 francs par an et sont titularisés juges, deux ans après, avec un traitement annuel de 2400 francs, si les crédits budgétaires le permettent. Ils reçoivent une augmentation de 300 francs après deux ans au choix et trois ans à l'ancienneté, toujours s'il y a des crédits suffisants. Les présidents de ces tribunaux débutent à 3500 francs et leur traitement est augmenté de 500 francs dans les mêmes conditions. Les juges suppléants des chambres de l'Ouzara débutent à 2400 francs par an et sont titularisés juges à 3500 francs. Les présidents ont 6000 francs et peuvent arriver à 9000, toujours dans les limites des crédits.

Mais l'administration estime que ces appointements sont trop élevés et elle a imaginé un *truc* pour spéculer sur le misère des juges tunisiens : contrairement au décret de 1909, par conséquent *illégale-ment*, elle nomme dans les tribunaux de province des *juges suppléants stagiaires* à 1200 francs par an et des *présidents par intérim* à 3000 francs par an!

C'est avec de pareils appointements que le magistrat tunisien fait tout son possible pour tenir son rang dans la société, pour être à l'abri du besoin! Et ici se pose la grande question du bon recrutement de la magistrature : la plupart des jeunes gens qui ont fait des études sérieuses à l'Université de Zitouna ou dans les facultés de droit de France ne cherchent nullement à entrer dans les fonctions judiciaires où les rétributions sont dérisoires et où ils ne trouvent ni encouragement, ni avancement. Une autre cause, aussi, les fait se détourner de ces fonctions : c'est l'intervention administrative qui pèse sur la conscience du magistrat. Il ne faut pas perdre de vue que de tout temps les familles bourgeoises des différentes régions de la Tunisie ont fourni à l'administration de leur pays des fonctionnaires et des magistrats parfaitement intègres et désintéressés. Aujourd'hui que la fonction judiciaire ne jouit d'aucun prestige et que l'administration oblige les magistrats à rendre les sentences qu'elle inspire, ils ne veulent pas endosser une responsabilité si lourde.

Le décret de 1909 donne une certaine garantie de sécurité par la création du conseil de discipline. S'il est *respecté* et si la séparation des pouvoirs est édictée, les magistrats pourraient avoir une certaine indépendance vis-à-vis de l'administration.

Pour remédier à la situation actuelle, deux mesures s'imposent d'urgence : l'augmentation du nombre des juges et l'élévation de leurs appointements.

SECTION III
Des codes

La tâche des magistrats tunisiens, qui sont surmenés de la façon que nous avons vue, est-elle facilitée par l'existence de codes complets ? En aucune manière ! Le gouvernement promulga en 1906 un « Code Tunisien des obligations et contrats », quelques années après un « Code de procédure civile », et en 1914 un « Code pénal ». C'est tout. Bornons-nous à dire que ces codes sont incomplets. Nous ne nous attacherons pas à en faire la critique. Comme toutes les œuvres nouvelles, ils contiennent des imperfections, des lacunes que la pratique a d'ailleurs révélées.

Il s'agit aujourd'hui de réparer les erreurs, de rattraper le temps perdu et de promulguer des *codes complets*. Le gouvernement se décidera-t-il à abandonner les errements infructueux ? Nous avons préconisé, depuis longtemps, la promulgation en Tunisie des *codes égyptiens* qui sont complets. Ils ont pour base les codes Napoléon mis en harmonie avec les lois musulmanes et sont rédigés et commentés en langue arabe. Ils ont donné de bons résultats en Egypte et les Egyptiens, qui ont la même langue, la même religion et les mêmes mœurs que nous, les ont adoptés et s'y sont adaptés parfaitement. On ne voit pas pour quelle raison ils ne seraient pas bons chez nous ? D'ailleurs, actuellement, le gouvernement égyptien procède à une refonte de ses codes. Une commission composée de conseillers et de magistrats a été instituée au ministère de la justice. Elle revoit les articles, les examine, les discute, les met au point, en imprime un projet dont elle envoie un exemplaire à tous les magistrats et à tous les avocats avec prière de lui transmettre leurs observations. Pourquoi le gouvernement tunisien ne procéderait-il pas de même ? M. Roy est-il plus compétent que tout le monde ?

Nous avons aussi préconisé l'institution de cours de droit et de législation tunisienne confiés à des professeurs qualifiés et le recrutement des magistrats parmi les diplômés de ces cours. L'administration n'en fit rien. Elle fit venir de France un agrégé pour donner des cours sur le nouveau code des obligations qu'elle venait de promulguer. Il donna ses cours par l'intermédiaire d'un interprète! Il fit son possible! Finalement l'administration le renvoya... pour charger M. Guyot, directeur des services judiciaires, docteur en droit, ancien substitut au parquet du tribunal français de Sousse, de donner des cours aux *seuls* magistrats par l'intermédiaire d'un interprète aussi! Cela donna lieu à des voyages fréquents et... inutiles auprès des tribunaux de province. Ce fut simplement ridicule!

Et pourtant le gouvernement aurait pu instituer ces cours et en charger les professeurs de l'Université de Zitouna, dont les connaissances juridiques sont vraiment remarquables, ou d'autres personnalités tunisiennes compétentes. Certains magistrats, comme les Tage, auraient rendu de réels services. L'ancien président de la Driba, M. Hamouda Tage, jurisconsulte éminent, avait donné des cours sur le nouveau code. Ces cours étaient très fréquentés. Mais l'administration, non seulement ne l'encouragea pas, mais les fit cesser parce que personne n'allait plus au cours de son directeur, lesquels étaient au-dessous de tout!

SECTION IV

Du ministère public

Nous avons montré comment le principe de la séparation des pouvoirs n'est nullement observé dans la justice tunisienne et comment l'intervention administrative arriva à faire commettre les injustices les plus criantes. Nous avons expliqué comment le directeur des services judiciaires — subalterne du secrétaire général du gouvernement tunisien, chef de l'administration centrale — cumule tous les pouvoirs : il est celui qui accuse, celui qui instruit, celui qui juge.

La séparation des pouvoirs et d'utiles réformes s'imposaient. Parmi celles qui étaient préconisées, la création de cabinets d'instruction et l'organisation du ministère public près de nos tribunaux étaient réclamées. Le gouvernement n'en fit rien : l'administration ne voulait pas renoncer à ses pratiques néfastes.

Et de ce fait elle laissa de côté les réformes les plus urgentes pour exécuter une innovation qui tendait à renforcer l'ingérence du pouvoir administratif dans l'exercice de la justice.

1. Des commissaires de gouvernement

On fit croire à M. Pichon, alors Résident général de France à Tunis, que la création près de chaque tribunal d'un *commissaire* français connaissant l'arabe et dépendant de l'administration centrale était de nature à contenter tout le monde. Cette innovation mécontenta, au contraire, la population et les magistrats !

Un décret fut donc rendu (10 juin 1906) créant des *« commissaires de gouvernement »* auprès des tribunaux tunisiens. Quelles sont d'après ce décret leurs attributions ? Elles sont : 1° *administratives :* Les commissaires agiront par délégation du directeur des services judiciaires (art. 1er), veilleront en cette qualité à la bonne administration de la justice (art. 3) et signaleront tous les faits qui leur paraîtront contraires à cette bonne administration ; 2° *judiciaires :* car ces agents auront la surveillance des affaires civiles, pénales et des informations, et ils pourront poursuivre d'office suivant les instructions du directeur des services judiciaires (art. 3 in fine).

En un mot, on crée un petit directeur dans chaque tribunal qui jouerait le même rôle que le grand à l'Ouzara. Ce n'est guère rassurant ! Ainsi, au lieu d'observer le principe de la séparation des pouvoirs, on en crée, au contraire, la confusion.

Or, cette réforme, comme nous l'avons soutenu alors dans la presse tunisienne, était incompatible avec le relèvement demandé et destinée à échouer.

Pour aspirer au poste de commissaire, il suffisait « d'être Français, âgé de 25 ans, et de subir avec succès les épreuves d'un concours ». Aucune connaissance n'était demandée, aucun titre ; il suffisait d'être Français, de parler plus ou moins l'arabe pour représenter le pouvoir exécutif près les tribunaux tunisiens et imposer la manière de voir de l'administration ! Après plusieurs concours infructueux on finit par admettre au stage un jeune homme que nous avons vu au travail… Il n'a jamais pu passer le concours définitif. On le congédia impitoyablement et pourtant ce n'était pas de sa faute... On s'aperçut, au bout de quelques années, que la réforme annoncée à grands cris était irréalisable. On décida alors, par un nouveau décret, que les commissaires devaient être « docteurs en droit », faire un stage et apprendre la langue arabe. Or, on n'apprend pas cette langue en quelques mois : il faut à un étranger cinq à dix ans d'études sérieuses et suivies pour atteindre le niveau d'instruction d'un petit secrétaire de la direction des services judiciaires et encore ! On prit donc des « docteurs en droit ». Et ce nouveau tâtonnement, cette nouvelle et inepte innovation a fait faillite, elle aussi. Elle a d'ailleurs été dictée par la maladie du fonctionnarisme français : les budgétivores inutiles, les fils à papa à sinécures grassement payées sont légion chez nous !

Nous avons vu ces commissaires à l'œuvre dans leur stage indéfini aux différents bureaux de la direction des services judiciaires. Pour tous les magistrats tunisiens, ce sont des sinécures créées pour quelques fonctionnaires français de plus. Non seulement ils ne rendent aucun service, mais, au contraire, ils empêchent les autres de travailler et de remplir leur devoir. Ils faisaient la navette entre les différents bureaux de la direction, les différentes chambres, transmettant les ordres du directeur. Leurs interventions maladroites dans les affaires créaient des incidents regrettables... Quelques magistrats étaient obligés de s'incliner : ils voyaient en eux des chefs puisqu'ils avaient des émoluments beaucoup plus élevés qu'eux — de 6000 à 9000 francs, les juges tunisiens ne touchant que 2400 à 3500 francs.

Jusqu'à maintenant il n'a pas été possible de nommer ces commissaires dans les différents tribunaux tunisiens; ils continuent depuis douze ans un stage qui n'a donné aucun résultat mais qui a coûté au budget de la justice tunisienne plus d'un demi-million de francs *en pure perte*. Avec cette somme, on aurait cependant pu faire quelque chose d'utile !

II. Délégué à l'action publique

A la Driba. — Aujourd'hui le gouvernement a renoncé à cette institution. Il vient de nommer auprès du tribunal de première instance de Tunis (Driba) un magistrat tunisien *« délégué à l'action publique »*. Il le charge « d'apporter une plus grande rapidité à l'instruction et à la solution des affaires correctionnelles. Le délégué reçoit les procès-verbaux, les plaintes. Il dirige toutes les correspondances à laquelle il donne lieu; il a la haute main sur le bureau de l'instruction (2 juges, 2 secrétaires, 1 stagiaire). Il veille à ce que l'instruction des affaires n'excède pas *un* mois et rend compte par écrit au secrétaire général des raisons qui ont pu amener ce délai à être prolongé. Il défère enfin au tribunal, sans autre instruction que celle à laquelle il procède lui-même sur le vu des procès-verbaux les affaires dites de « flagrant délit » ou dans lesquelles les dénégations de l'inculpé, suivant un arrêt de cassation qui fait jurisprudence, « sont absurdes ou impossibles ».

Cette innovation ne ressemble en rien à l'organisation des parquets. Il n'y a pas de séparation de pouvoirs, le nouveau fonctionnaire n'assiste pas et ne se fait pas représenter à l'audience publique pour faire connaître son réquisitoire; il agit dans l'ombre absolument comme le font le directeur des services judiciaires et le secrétaire général à l'Ouzara. En somme, on crée un bureau d'instruction avec un chef[1] sous les ordres directs du secrétaire général. Toujours la confusion !

Comme on le voit, le gouvernement ne renonce pas aux demi-mesures stériles, aux tâtonnements infructueux qui pourtant ne sont pas faits pour rehausser son prestige !

*

A l'Ouzara. — Nous avons dit qu'il n'y a pas de *parquet* près les Chambres de l'Ouzara et que le rôle du ministère public est joué par le directeur des services judiciaires et le secrétaire général du gouvernement tunisien, *dans leurs bureaux* et non pas à l'audience publique. Or un fait sans précédent vient de se produire : le Directeur des Services Judiciaires s'est montré dernièrement à l'audience occupant le siège du ministère public dans une affaire criminelle.

Il s'agissait de l'affaire d'un ancien intendant de S. A. le Bey traduit devant la Chambre criminelle de l'Ouzara pour détournement de biens appartenant au domaine de la couronne. La défense a soulevé l'incompétence de l'Ouzara en vertu du principe que l'on ne peut être à la fois juge et partie : « En effet, soutient-elle, les jugements de l'Ouzara sont rendus par S. A. le Bey lui-même. Les magistrats de l'Ouzara ne font que préparer un projet de sentence qu'ils soumettent à son approbation. Comment dans ces conditions le souverain pourra-t-il statuer dans une affaire où il est lui-même en cause ? »

L'argument, comme on le voit, est indiscutable. Il est à lui seul suffisant pour obliger un gouvernement, vraiment animé de bonnes intentions à l'égard du peuple, à abolir la *justice retenue* de l'Ouzara que nous avons décrite plus haut. Car aucun motif ne justifie le maintien des procédés actuels. Seul l'arbitraire administratif est une entrave à l'octroi de la justice déléguée à l'Ouzara. Le souverain

---

[1] Ajoutons que M. Khelil Bouhadjib, auquel on a confié les fonctions de « délégué à l'action publique », n'est plus dans la magistrature tunisienne depuis longtemps. Il est président de la municipalité et *Cheikh Medina* de Tunis, dont les attributions administratives sont multiples ; il est, notamment, chargé de l'exécution des jugements rendus par les différents tribunaux civils tunisiens. En le chargeant en même temps de ces nouvelles fonctions, on continue à ne pas observer le principe fondamental de la séparation des pouvoirs. Ce cumul des fonctions administratives et judiciaires est regrettable, et l'on doit constater que le gouvernement y tient toujours.

lui-même n'y voit aucun empêchement : il a déjà délégué le pouvoir judiciaire aux tribunaux de province, aux caïds, au tribunal mixte foncier. En le déléguant aussi à l'Ouzara, il n'aura plus à endosser la responsabilité des injustices commises par d'autres.

Le Directeur est allé à l'audience donner la réponse de l'Administration à cet argument : « Cette exception est indiscutable devant les tribunaux français, mais il n'en est pas de même devant l'Ouzara. La séparation des pouvoirs n'existe pas en Tunisie. Le Bey détient seul le pouvoir judiciaire. Il est souverain absolu et peut disposer des biens et de la personne de ses sujets. » Voilà la théorie chère à l'administration et que le peuple tunisien ne veut pas reconnaître puisque des *lois lui ont garanti le respect de la personne, des biens et de l'honneur*, ainsi qu'on l'a vu plus haut.

Ainsi donc ce fonctionnaire qui remplit le rôle d'accusateur, celui de juge d'instruction, celui de juge, quitte son bureau pour se montrer au jour de l'audience. C'est une innovation ! En vertu de quel texte de loi a-t-elle eu lieu ? A-t-on organisé le ministère public près de nos tribunaux ? Non, aucun texte n'existe. C'est toujours l'incohérence, le tâtonnement sans plan ! L'intervention du directeur à l'audience peut, à la rigueur, paraître justifiée, car il est maître de l'action publique en vertu d'un texte précis. Mais il a d'autres attributions qui sont *incompatibles* avec le rôle d'accusateur public : il exerce, en effet, les fonctions de *juge* puisque le projet de sentence de l'Ouzara lui est soumis et qu'il peut le modifier comme il l'entend. Jusqu'ici il exerçait ses attributions multiples et contradictoires dans l'ombre de son bureau. Et voilà que, comme pour augmenter la dérision, il s'avise de venir soutenir l'accusation en public. En retournant à son bureau il fera rendre le jugement qu'il a requis à l'audience ! C'est inimaginable, dirait-on. C'est pourtant la pure vérité !

III. De l'exercice de l'action publique

En droit musulman, pour certaines infractions à la loi pénale, l'action publique et l'action privée sont étroitement liées l'une à l'autre. La victime, la personne lésée dans ses intérêts matériels et moraux par une infraction déterminée a le droit d'en poursuivre la réparation pénale et civile; elle se porte accusateur et exerce l'action publique. C'est un reste de la vieille conception du droit de punir basé sur la vengeance ou *kiças*. Ce droit consiste à porter directement elle-même l'affaire devant le tribunal en assignant l'accusé à comparaitre. C'est un droit qui lui appartient, il est incontestable. Si elle y renonce, le coupable est relaxé. Mais dans ce cas, la loi ordonne d'infliger un *tadib* (correction) au coupable au nom de la société. Et c'est une jurisprudence de nos tribunaux d'infliger le *tadib* pour le *hak eliam* (droit commun) en cas de désistement de la personne lésée. Mais aucun organe officiel ne vient exercer le rôle d'accusateur.

Pour d'autres infractions, et elles sont nombreuses, le droit musulman ordonne la répression au nom de la société, c'est ce que les juristes dénomment « *hak allah* », le droit de Dieu. Chaque citoyen, même non lésé dans ses intérêts matériels par une de ces infractions déterminées, a le droit et le devoir de se porter accusateur, d'exercer l'action publique au nom de la société, car l'infraction constitue un danger pour toute la société : chacun de ses membres se sent menacé dans l'exercice de ses droits légitimes, de ses libertés. Le pouvoir social intervient seulement pour prononcer la peine et pour la faire exécuter.

Ce système a des avantages : entre l'accusation et la défense il n'y a aucune inégalité, un citoyen plaide contre un autre citoyen; ils ont des armes égales pour convaincre le juge. Celui-ci n'est jamais prévenu contre l'accusé dans lequel il ne voit pas nécessairement un coupable; l'accusé n'est pas intimidé par l'autorité d'un accusateur public auquel il est nécessairement inférieur.

Ce système est pratiqué encore de nos jours en Angleterre et aux Etats-Unis : la mise en mouvement de l'action publique appartient aux simples particuliers. L'accusateur dénonce, fait les enquêtes, traduit accusés et témoins devant le magistrat instructeur.

Au contraire, le code d'instruction criminel français qui consacre l'institution du ministère public ne laisse aux simples particuliers que le premier acte d'exercice de l'action publique, sa mise en mouvement et leur enlève tous les autres. Il ne prend même pas en considération le droit de la victime du délit d'en poursuivre la réparation pénale et civile.

D'autre part cette même législation à l'exemple du droit musul-

man, exige pour certaines infractions, la plainte de la personne lésée
pour mettre en mouvement l'organe du ministère public : ce dernier
ne poursuit pas d'office. En effet les infractions à la loi pénale n'intéressent pas toutes au même degré la société, ainsi le ministère public
ne peut poursuivre les atteintes à l'honneur des citoyens malgré eux,
car l'État n'est pas compétent pour savoir quand et jusqu'à quel
point cet honneur a été atteint. Il faut une plainte.

Enfin d'autres législations, comme celle de l'Espagne, admettent
la participation des simples particuliers à l'exercice de l'action publique concurremment avec le ministère public. Toute infraction donne
naissance à deux actions : l'une pénale et l'autre civile. L'action pénale
est publique, c'est-à-dire tous les citoyens espagnols peuvent l'exercer.

IV. Conclusion

Nous pensons qu'un ministère public ne doit être institué que
pour venir en aide à l'action des particuliers et pour suppléer
à l'insuffisance de cette action. A côté du ministère public, quelqu'un doit avoir des droits, ce quelqu'un, c'est la victime même
du délit du crime. Le système accusatoire a sa base dans le droit du
citoyen de poursuivre la répression des infractions à la loi pénale. Si
les nécessités de l'organisation sociale exigent que ce droit naturel
des simples particuliers soit, en quelque sorte, exproprié au bénéfice
du ministère public et au nom de l'intérêt général, on ne doit pas
aller jusqu'à enlever à la victime le droit de se plaindre, le droit d'obtenir justice.

SECTION V

Projet de réorganisation

Nous avons décrit fidèlement et impartialement le fonctionnement de la justice tunisienne dans laquelle nous avons exercé différentes fonctions pendant plusieurs années.

Nous avons mis à nu cette néfaste confusion des pouvoirs qui y sévit, cette intervention constante de l'administration dans les affaires judiciaires, cette action occulte des bureaux, source de toutes les injustices dont sont journellement victimes les Tunisiens.

Nous avons montré comment des secrétaires faisant fonctions de magistrats siègent mais ne jugent pas, et comment le chef de l'administration centrale tient et exerce tous les pouvoirs : il est en même temps celui qui accuse, celui qui instruit, celui qui juge et celui qui exécute. Nous avons montré par des faits que nous avons constatés nous-mêmes les dangers redoutables auxquels sont, à chaque instant, exposés nos compatriotes.

Pouvoirs illimités des caïds, intervention du pouvoir central dans les procédures des tribunaux de province, justice retenue de l'Ouzara, absence de code sont les sources de l'arbitraire le plus révoltant sous lequel gémit le Tunisien. Les abus de pouvoir et les dénis de justice sont monnaie courante ; les libertés individuelles et les droits de l'homme sont méconnus et foulés aux pieds. Seules les garanties légales mettront fin à cet état de choses démoralisant.

Avant de présenter ce travail, nous avons jugé utile de prendre l'avis des magistrats tunisiens, de la direction des services judiciaires et de certaines personnalités tunisiennes et françaises du monde des affaires. Le projet de réorganisation que nous présentons n'est pas seulement celui que nous dicte notre expérience personnelle, il est aussi celui que toutes les personnes compétentes que nous avons consultées désirent voir adopter le plus tôt possible pour mettre fin aux injustices, au gâchis et aux souffrances du peuple. Nos magistrats savent qu'un pays musulman, l'Egypte, dont la population a la même langue, la même religion, les mêmes traditions que nous, a réorganisé sa justice ; qu'elle a promulgué chez elle le code Napoléon quelque peu modifié et que l'application de ce code donne à la population toute satisfaction. Ils sont d'avis que la réorganisation de la justice tunisienne se fasse suivant le système français avec certaines modifications que nous indiquerons. Ils ne comprennent pas pourquoi le gouvernement tunisien ne se décide pas à promulguer chez nous les codes égyptiens qui ont fait leurs preuves.

La réorganisation de la justice tunisienne s'impose sur les bases suivantes :

a) abolition de la justice administrative de la *Section d'Etat ;*

b) séparation absolue et rigoureuse des pouvoirs judiciaire et administratif;

c) suppression de la juridiction des caïds et création de justice de paix pour en tenir lieu ;

d) abolition des dérogations au droit commun (décrets de décembre 1896, de juin 1901, etc.);

e) suppression de la *justice retenue* et extension de la *justice déléguée* à toutes les juridictions;

f) extension du double degré de juridiction à toutes les affaires civiles, correctionnelles et criminelles;

g) création du ministère public près de toutes les juridictions;

h) création de cabinets de juges d'instruction;

i) promulgation de codes complets pour les tribunaux séculiers et pour les tribunaux religieux.

L'administration de la justice devra être érigée en une « direction » *indépendante* du Secrétariat général du gouvernement tunisien avec un *chef de service* et un budget également indépendants à l'exemple de tous les autres services du gouvernement tunisien : finances, enseignement, etc.

La direction de la justice tunisienne sera réduite à un rôle *purement administratif :* nomination, congé, etc.

Il va sans dire que cette nouvelle organisation entraînera la suppression des bureaux actuels, inutiles et nuisibles, et mettra fin à l'intervention du directeur dans l'élaboration des jugements.[1]

---

[1] On devra faire appel à un magistrat français expérimenté et capable pour diriger la justice tunisienne. Jusqu'ici aucune personnalité de la Magistrature française n'a accepté les fonctions de Directeur des Services Judiciaires, parce que la direction de la justice dépend du Secrétariat général. M. Berge, malgré son prestige a dû s'en aller. Si la justice était indépendante de l'administration centrale, aucun magistrat français de talent ne refusera le concours de ses connaissances et

Ainsi, la justice tunisienne devra comprendre :

1° des tribunaux de paix ;
2° des tribunaux de province ;
3° deux cours d'appel au moins ;
4° une cour de cassation siégeant à Tunis.

I. Juges de paix

Une des causes du fonctionnement déplorable de la justice tunisienne est l'exercice par les *Caïds* d'attributions multiples et variées : la confusion des pouvoirs entre leurs mains est tellement grande qu'elle constitue une calamité. Aussi est-ce avec soulagement que le peuple apprendra que toutes les attributions judiciaires ont été retirées aux Caïds : celles d'officiers de police judiciaire, de juges d'instruction, de juges, d'huissiers et d'agents d'exécution. Tout le monde préconise la création dans chaque *Khalifat* [1] d'un ou plusieurs **tribunaux de paix tunisiens** à juge unique.

Ces tribunaux connaîtront *en matière civile :*

a) *en dernier ressort*, de toutes actions personnelles et mobilières jusqu'à cent francs ;

b) *en premier ressort*, de toutes actions personnelles et mobilières supérieures à cent francs et inférieures à mille francs.

Ils connaîtront *en matière pénale :*

a) *en dernier ressort*, de toutes contraventions dont la pénalité ne dépasse pas vingt francs d'amende ;

b) *en premier ressort*, de toutes contraventions dont la pénalité ne dépasse pas cent francs d'amende et quinze jours de prison.

Les juges de paix exerceront en outre les attributions d'officiers de police judiciaire pour les délits et les crimes qui se commettront dans leurs circonscriptions respectives. Ils exécuteront tous les suppléments d'enquêtes et commissions rogatoires dont les chargeront les différents tribunaux tunisiens. On arrivera ainsi à supprimer la plaie

de son expérience pour sa réorganisation. Nous croyons que M. Dumas, actuellement président du Tribunal civil de Tunis, avait remis à la Résidence un rapport sur la réorganisation de la justice tunisienne. Il aurait accepté de procéder à cette réorganisation, mais à la condition de l'érection de la justice en un service indépendant de l'administration centrale. Ce rapport a été combattu par l'administration.

[1] Subdivision administrative du *Caïdat.*

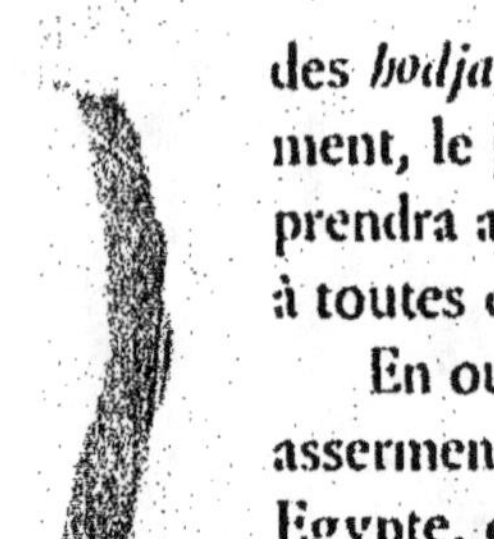

des *hodjas* ou actes notariés. Au contraire de ce qui se fait actuellement, le juge assisté de son greffier procédera à toutes informations, prendra acte de toutes accusations, entendra tous témoins, procédera à toutes confrontations, à toutes vérifications, etc.

En outre, le juge de paix aura sous son contrôle des huissiers assermentés, *fonctionnaires judiciaires*, rétribués par l'État comme en Egypte, chargés de la remise des citations aux parties dans les affaires pendantes devant tous les tribunaux tunisiens, et de l'exécution de tous les jugements et arrêts civils *tunisiens*. La création de fonctions d'huissiers entraînera bien entendu la suppression du bureau des exécutions de la direction des services judiciaires et des prérogatives du directeur de statuer administrativement sur les incidents de procédure. Tous les incidents seront à l'avenir liquidés par les tribunaux réguliers conformément aux codes et lois.

II. Tribunaux de province

Les tribunaux de province actuels sont au nombre de sept, il y a lieu d'en créer d'autres dans des centres où le besoin s'en fait sentir.

Ils devront être réorganisés sur le modèle des tribunaux de première instance français avec le même fonctionnement et la même compétence, sauf certaines modifications que nous indiquerons plus loin.

Le nombre des juges devra être augmenté de façon à pouvoir former dans chaque tribunal deux chambres, l'une civile et l'autre pénale. Il sera créé dans chaque tribunal un parquet composé d'un *Procureur du Bey* et d'un ou plusieurs substituts, et un ou plusieurs cabinets d'instruction. Le juge qui a instruit une affaire ne pourra plus, à l'avenir, siéger au jugement de cette affaire. Il va sans dire que l'instruction secrète sera abolie conformément au droit musulman inobservé.

Les tribunaux de province connaîtront *en matière civile* :

a) *en dernier ressort*, de l'appel des jugements rendus en premier ressort par les juges de paix et des sentences rendues par le président du tribunal jugeant en référé;

b) *en premier ressort*, des actions personnelles et mobilières supérieures à mille francs, des actions possessoires, des actions pétitoires, des bornages, des partages.

Ils connaîtront *en matière pénale :*

a) *en dernier ressort*, de l'appel des jugements rendus en premier ressort par les juges de paix ;

b) *en premier ressort*, des délits et des crimes.

Ainsi les crimes commis en Tunisie qui sont soumis actuellement à la justice retenue ou administrative de l'Ouzara, seront jugés en premier ressort seulement par le tribunal de province du lieu du crime. On étendra de cette façon aux crimes le deuxième degré de juridiction, ce qui constituera une nouvelle garantie d'une bonne justice donnée au peuple.

Les tribunaux de province connaîtront aussi en premier ressort du possessoire et du pétitoire : les affaires immobilières actuellement de la compétence des tribunaux du charaâ, seront de la compétence des tribunaux séculiers.

III. Cours d'appel

Il y aura deux cours d'appel au moins en Tunisie. Chaque cour aura au moins deux chambres, civile et pénale, un président et autant de vice-présidents qu'il y a de chambres. Chaque chambre siégera avec trois conseillers dont l'un sera président. Il y aura près de chaque cour un parquet avec un procureur et plusieurs substituts, ainsi que quelques juges d'instruction pour procéder aux suppléments d'enquêtes ordonnés par les différentes chambres.

La cour d'appel connaîtra de l'appel des jugements civils, correctionnels et criminels rendus en premier ressort par les tribunaux de province.

IV. Cour de cassation

Au-dessus de ces juridictions, il sera créé une cour de cassation ou juridiction suprême qui sera composée de cinq conseillers dont l'un sera président. Il y aura près de cette cour un procureur général, chef du ministère public dans toute la Régence.

La cour de cassation statuera sur les recours contre la violation ou la fausse application des lois. Elle ne connaîtra pas des faits de la cause ni du fond de l'affaire.

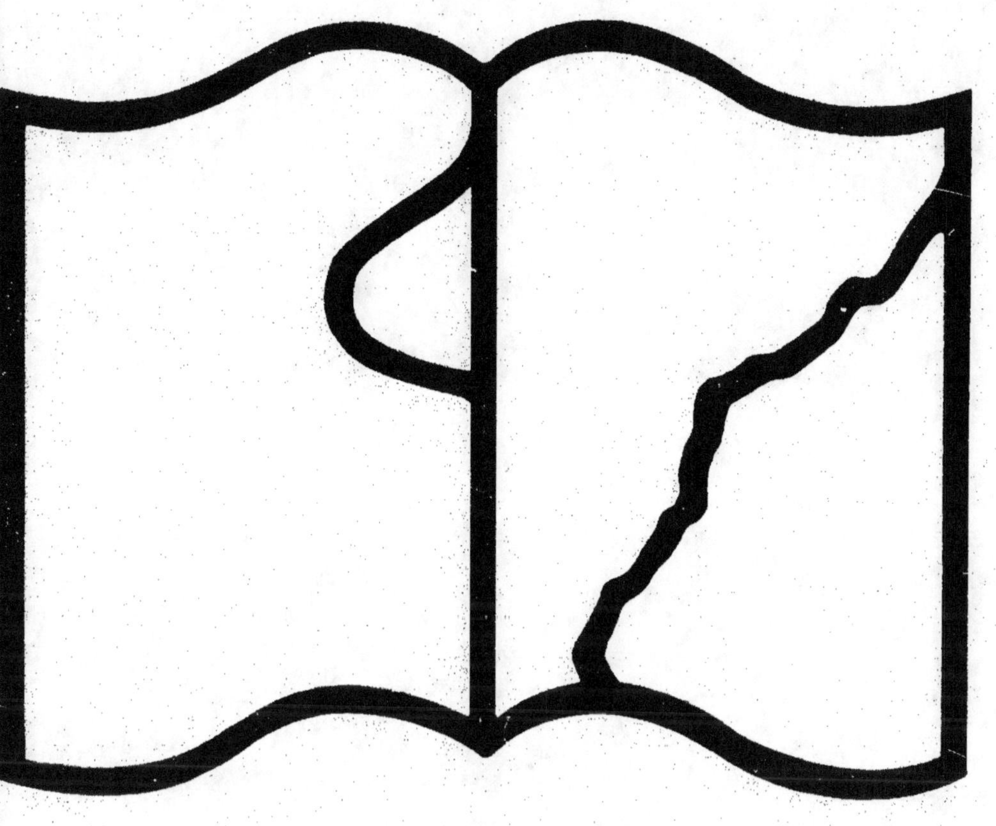

Texte détérioré — reliure défectueuse

NF Z 43-120-11

www.ingramcontent.com/pod-product-compliance
Lightning Source LLC
Chambersburg PA
CBHW061256060726
47596CB00002B/620